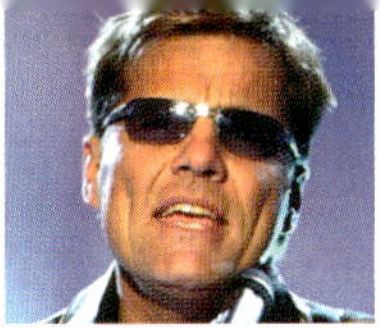

Guido Knopp
Peter Arens

UNSERE BESTEN

Die 100 größten Deutschen

ECON

Inhalt

Wer hat den Deutschen ein Vermächtnis hinterlassen? Wer bleibt durch charakterliche Stärke, durch Aufrichtigkeit und Mut in Erinnerung? Wer hat sich durch besonderen Erfindergeist ausgezeichnet, wer hat besondere Leistungen vollbracht – ob in der Sportarena oder im Forschungslabor? Wer hat auf der Bühne, in Film und Fernsehen das Publikum mitgerissen, Millionen zum Lachen und zum Weinen gebracht? Das sind die Fragen, die dieses Buch beantwortet.

Unsere Besten

■ Die Nation hat gewählt. Volkes Stimme hat die Frage beantwortet, wer Deutschlands Beste sind – und waren. Vorbilder und Leitfiguren, Popstars und Politiker, Dichter und Denker: 100 Namen sind in diesem Buch versammelt, 100 große Deutsche, die von uns, den Deutschen, zu Beginn des 21. Jahrhunderts für besonders wichtig – vielleicht gar für unsterblich – gehalten werden. Manches freut jene, die mit großem Ernst an die Abstimmung gegangen sind: Weit oben auf der Rangliste steht der Staatsmann Konrad Adenauer. Um ihn scharen sich Männer wie der Dichterfürst Goethe, der Nobelpreisträger Einstein und der Religionserneuerer Luther. Sie alle wirkten in wichtigen Lebensbereichen – Politik, Kultur, Wissenschaft und Religion –, die das Werden und Sein einer Nation definieren. Die Liste dieser illustren Namen lässt sich fortsetzen: Willy Brandt, Johann Sebastian Bach, Karl Marx. So hat sich an der Spitze der »Besten«-Rangliste eine würdige Gesellschaft zusammengefunden. So viel ist klar – wir dürfen dem demokratischen Abstimmungsverhalten der Deutschen voll und ganz vertrauen. Doch die Deutschen, die abgestimmt haben, sind auch Kinder einer verführerischen Boulevardkultur. Im Land der Dichter und Denker wird heute der Ernst des Lebens tagtäglich versüßt: durch Pop-Entertainer mit dem dreisten Charme eines Dieter Bohlen, der Glaubwürdigkeit eines Herbert Grönemeyer, der Quirligkeit des Comebackwunders Nena; skurril, wenn auch voll aus dem Leben gegriffen, ist das Nebeneinander eines Schlagerbarden wie Heino mit dem Punkveteranen Campino. »Unsere Besten«-Liste wäre nicht vollständig ohne die großen Sportidole der Deut-

schen: Erfolgreiche Asse wie Michael Schumacher und Jan Ullrich stehen neben schon legendären Stars wie Steffi Graf, Boris Becker und Franz Beckenbauer, die in den vergangenen Jahren weltweit Schlagzeilen machten.

Man kann über die Namen, die in diesem Buch zusammengeführt werden, sehr unterschiedlicher Meinung sein – genau das war eines der Ziele unserer »Besten«-Aktion. Wir wollten Debatten, wollten demokratische Vielfalt statt Einvernehmen und Konformität. Wir wollten, dass die Menschen noch einmal nachdenken über die großen – und nicht ganz so großen – Namen. Die Frage nach »unseren Besten« ist gut für lebendige, kontroverse Diskussionen. Schon die Frage »Wer ist groß?« lädt zum Reflektieren ein, wohl auch zum Amüsieren. Es muss ja nicht für jeden unbedingt ein Staatsmann sein oder ein Universalgenie. Hat nicht die Vorkämpferin der Emanzipation in Deutschland, Alice Schwarzer, unsere Gesellschaft stärker geprägt, als es mancher Politiker je hätte tun können? Streit gab es während der Abstimmungsaktion auch um die Frage: »Wer ist Deutscher?« In Österreich erregte sich die Boulevardpresse: »Deutsche wollen unseren Mozart!«, titelte die *Kronenzeitung* entrüstet. Natürlich will niemand den Österreichern ihren Mozart nehmen – und doch findet man ihn zu Recht in diesem Buch über die besten und größten Deutschen: Er war Untertan des Heiligen Römischen Reiches Deutscher Nation, schrieb auch von »Teutschland, seinem geliebten Vaterland«. Er wurde in Salzburg als Sohn eines Augsburger Buchhändlers geboren – Salzburg war damals ein eigenständiges geistliches Territorium, zu dem auch die Bistümer Passau, Freising und Regensburg gehörten. Einig sind wir uns über eines: Mozart war ein Wiener (also österreichischer) Komponist im deutschen Kulturkreis – als solchen haben ihn die Deutschen in die Liste ihrer Besten gewählt. Und natürlich sind wir erst seit etwa 1000 Jahren »Deutsche« – folglich waren weder der Cherusker Arminius noch der Franke Karl der Große wählbar.

Von Anfang an war klar, dass in der Nominierungsliste Nazis nichts zu suchen hatten. Gefragt wurde nach »unseren Besten« – Massenmörder und Verbrecher gehören nicht dazu. Mit den großen Deutschen soll sich ein positives Grundgefühl verbinden. Wer hat den Deutschen ein

Vermächtnis hinterlassen? Wer bleibt durch charakterliche Stärke, durch Aufrichtigkeit und Mut in Erinnerung? Wer hat sich durch besonderen Erfindergeist ausgezeichnet, wer hat besondere Leistungen vollbracht – ob in der Sportarena oder im Forschungslabor? Wer hat auf der Bühne, in Film und Fernsehen das Publikum mitgerissen, Millionen zum Lachen und zum Weinen gebracht? Das sind die Fragen, die dieses Buch beantwortet – es stellt 100 Deutsche vor, die die Deutschen ausgewählt haben. Auf den folgenden Seiten sind sie alphabetisch geordnet, nicht nach der Rangfolge der ZDF-Aktion »Unsere Besten«. Da der Redaktionsschluss dieses Buches einige Tage vor dem Ende der Abstimmungsaktion lag, sind nicht alle Namen der ZDF-»Besten«-Liste auf den folgenden Seiten versammelt. Und doch bietet dieses Buch die Besten auf – Menschen, die unsere Nation geprägt und gestaltet haben; Menschen, die durch Erfindungen und Entdeckungen unser tägliches Leben leichter gemacht haben; Menschen, die uns als Künstler und Entertainer bei Laune gehalten haben. Sie alle haben Deutschland zu dem gemacht, was es heute ist – sie sind »unsere Besten«. ■

GUIDO KNOPP | PETER ARENS

Konrad Adenauer 1876* 1967†

■ **Konrad Adenauer – Der »Alte« aus Rhöndorf wurde als erster Kanzler der jungen Bundesrepublik zur prägenden Figur. Freiheitliche Demokratie, soziale Marktwirtschaft, Westbindung, Europäische Einigung – keiner seiner Nachfolger stellte die von Adenauer gefestigten Fundamente der Bundesrepublik infrage.**

73 Jahre »jung« war Adenauer, als er 1949 mit einer Stimme Mehrheit (seiner eigenen) im ersten Deutschen Bundestag zum Kanzler gewählt wurde – »alt« aber an Erfahrung: Von 1917 bis 1933, und noch einmal 1945, war er Oberbürgermeister von Köln, von 1920 bis 1933 auch Präsident des preußischen Staatsrates, bis die Nationalsozialisten ihn aller Ämter enthoben. Nach dem Krieg baute er die CDU mit auf, war von 1946 bis 1949 ihr Vorsitzender und als Präsident des Parlamentarischen Rates an der Ausarbeitung des Grundgesetzes beteiligt. 14 Jahre stand er schließlich an der Spitze des Staates, der laut Selbstverständnis der Verfassungsväter nur ein Provisorium sein sollte.

Im Angesicht der sowjetischen Bedrohung mahnte der erfahrene Politiker den Zusammenhalt der freien Welt an und bemühte sich um die Souveränität des jungen Staates. Der Preis für die neue Selbständigkeit hieß: Wiederbewaffnung und Beitritt zum westlichen Militärbündnis. Adenauer sah in dieser Ausrichtung nach Westen nicht nur die einzige Chance für die junge Bundesrepublik, Vertrauen bei den einstigen Kriegsgegnern zu gewinnen, sondern auch die einzige Chance für die Freiheit aller Deutschen. Denn nur ein politisch, wirtschaftlich und militärisch starkes Bündnis werde die Sowjetunion eines Tages bewegen, den Osten Deutschlands preiszugeben – die »Politik der Stärke«. So sah der Kanzler keineswegs einen Widerspruch zwischen Westbindung und Wiedervereinigung. Seinen Gegnern in der Opposition und Koalition war der Preis dafür zu hoch: All das vertiefe die Spaltung der Nation und komme

1917–1933 **Oberbürgermeister von Köln**
1933–1945 **Amtsenthebung durch die Nationalsozialisten und zweimalige Inhaftierung (1934 und 1944)**
1948–1949 **Präsident des Parlamentarischen Rates**
1949–1963 **Bundeskanzler**

einer Preisgabe der deutschen Einheit gleich. Die Einheit der Nation durch eine deutsche Neutralität zu erreichen, wie es in Forderungen seiner politischen Gegner oder Stalins Noten von 1952 anklang, dem setzte Adenauer entschieden ein Nein entgegen. Er trieb die Einigung (West-) Europas voran und suchte die Aussöhnung mit Frankreich. 1963 unterzeichneten er und de Gaulle das deutsch-französische Abkommen. Den Amerikanern bot sich der »Alte« als Juniorpartner auf dem Kontinent an. Washington setzte auf die junge Republik als Bollwerk gegen den Kommunismus an der Nahtstelle der Blöcke. Alle Zweifel, ob Adenauer noch fähig sei, eine Demokratie aufzubauen, vermochte er zu zerstreuen. Die Pfeiler der Zweiten Republik ruhten auf einem breiten demokratischen Fundament. Von einer Parteiendemokratie konnte jedoch keine Rede sein. Adenauer schöpfte die im Grundgesetz vorgezeichnete starke Stellung des Regierungschefs in solchem Maß aus, dass man bald von »Kanzlerdemokratie« sprach. Kritiker sehen seine Ära als Epoche der Restauration. Adenauer deckte den christlichen Mantel der Nächstenliebe über die vergangenen Sünden seines Wahlvolks und beschied die Kritiker mit dem sprichwörtlichen Satz: »Sie können schmutziges Wasser nicht wegschütten, wenn Sie noch kein frisches haben.«

»Wir haben die Wahl zwischen Sklaverei und Freiheit, wir wählen die Freiheit.« ADENAUER

Heute lässt sich kaum mehr über Adenauer streiten; Historiker fragen sich allenfalls: Hat der erste Bundeskanzler die Chance zu einer frühen Vereinigung vertan? Dass nur ein starker Westen den Osten eines Tages zum Einlenken bewegen könne, mag wie pure Selbsttäuschung erschienen sein – auf lange Sicht hat Adenauer Recht behalten. Aber dass die Teilung Jahrzehnte dauern würde, dachte freilich niemand. Seine bis heute ungebrochene Popularität ist Ausdruck jener Zeitenwende, die er mitgestaltete. Konrad Adenauer muss vielen Deutschen wie ein Glücksfall vorgekommen sein, weil er nach Krieg und Diktatur trotz seines Alters Zukunftsoptimismus verkörperte, weil er Halt und Perspektive gab – ein Glücksfall auch, weil er seine Wähler an die Demokratie heranführte. Nach all den Finstermännern in der ersten Hälfte des 20. Jahrhunderts zählte Konrad Adenauer zu jenen politischen Lichtgestalten, die das in sie gesetzte Vertrauen nicht missbrauchten. ■

Rudolf Augstein 1923* 2002†

■ **Rudolf Augstein – Die erste Ausgabe des *Spiegel* ließ er auf Schwarzmarktpapier drucken und sorgte mit dem Blatt sofort für Furore. Wie kein anderer Journalist gestaltete er seitdem die deutsche Politik kritisch mit.**

Wochenlang hatte es auffällig in den Telefonen der *Spiegel*-Redaktion geknackt. Kein Zweifel: Es lag etwas in der Luft. Am Abend des 26. Oktober 1962 war die Geduld der Bundesregierung mit den Machern des Nachrichtenmagazins zu Ende. Anlass war der Nato-kritische Artikel »Bedingt abwehrbereit«, der erschien, während die Welt wegen der Stationierung russischer Atomraketen auf Kuba am Rande eines dritten globalen Krieges stand. Der damalige Verteidigungsminister Franz Josef Strauß tobte, Kanzler Adenauer sprach von einem »Abgrund von Landesverrat«, der die Sicherheit der Bundesrepublik gefährde. Polizisten stürmten die Hamburger Redaktionsräume. Ziel der Ermittlungen: *Spiegel*-Herausgeber Rudolf Augstein. Seit Jahren schon hatte er das Adenauer-Deutschland als »antiparlamentarischen Sonderstaat von katholischer Heuchelei« attackiert und immer neue Skandale aufgedeckt. Jetzt war die Gelegenheit gekommen zurückzuschlagen: Drei Personen wurden verhaftet, Augstein stellte sich selbst. Man wollte verhindern, so Augstein später, dass der *Spiegel* gedruckt würde, und ihn ruinieren, damit in Deutschland wieder Ruhe einkehre. Doch dieser Plan schlug fehl, denn die *Spiegel*-Affäre mobilisierte die Menschen in Deutschland. Sie protestierten für die Pressefreiheit, für Augstein und sein Magazin. »Es ist ein unbeschreibliches Gefühl, nachts in der Zelle nicht einschlafen zu können, weil der Lärm der Demonstranten durch die dicksten Mauern dringt«, so Augstein. Während seiner 105-tägigen Haft zerstritt sich das Kabinett über die Affäre – Augsteins Intimfeind Strauß musste gehen. 1965 wurde das Verfahren wegen Mangels an Beweisen eingestellt. Augstein, der bereits 1947 als 23-Jähriger begonnen hatte, die Nerven der

1945 **Rückkehr aus dem Krieg**
1947 **Mitbegründer des *Spiegel* in Hannover**
1952 **Umzug nach Hamburg**
1962 ***Spiegel*-Affäre, Augstein in Haft**
1969 **Beteiligungsmodell: *Spiegel*-Mitarbeiter werden Miteigentümer**
1999 **»Journalist des Jahrhunderts«**

Mächtigen zu strapazieren, hatte triumphiert. Und die Liste der *Spiegel*-Enthüllungen wurde seither immer länger.

Wie kein anderer Journalist prägte Augstein die Geschichte der Bundesrepublik. Rund 3000 Mal hielt er ihr den *Spiegel* vor, oft gespannt, »wo der Torpedo am Montag einschlagen« werde. Dabei sezierte er seine politischen Feinde akribisch für seine Leser. »Ein Journalist kann keine permanenten Freundschaften haben.« Aber auch keine ewigen Feinde. Mit Adenauer rauchte er kurz vor dessen Tod »eine Friedenspfeife«, Kohl beglückwünschte er zur Wiedervereinigung und mit Strauß habe er »viele vergnügliche Stunden verbracht, hinterher. Aber vorher musste er weg.« »Sturmgeschütz der Demokratie« nannte Augstein sein Blatt. Doch seine Macht hielt er für begrenzt. Er habe sich das Leben »durch Sarkasmus erträglich bis fröhlich« gemacht, sagte er einmal, denn eigentlich war ihm der *Spiegel* ein zu enges Korsett. Seine Liebe galt dem Theater und der Schriftstellerei, er schrieb provozierende Bücher über Richard Wagner, Friedrich den Großen und Jesus. Der *Spiegel* wurde dabei immer erfolgreicher: Am Tag der Währungsreform lag die Auflage bei 65 000, in den siebziger Jahren bereits bei einer Million Exemplaren. Vorreiter war Augstein auch mit seinem Beteiligungsmodell, mit dem die Mitarbeiter 49,5 Prozent des Magazins hielten.

> »Die Welt ist so groß, dass alle Irrtümer darin Platz haben.«
> AUGSTEIN

Seine Frau Katharina Luthardt (die zweite von fünf) bezeichnete ihn als den »am teuersten anspruchslos lebenden Menschen«, weil er Spiegeleier in Hamburgs luxuriösesten Restaurant bestellen würde, wenn sich zu Hause keine fänden. Augstein war widersprüchlich und ein wenig rätselhaft – wohl auch sich selbst. Vielleicht scheiterte er deswegen 25 Jahre lang an seinen Memoiren. Sein Credo hingegen hatte er bereits als 17-Jähriger in einem Leserbrief formuliert, im Deutschland des Jahres 1940. Darin stand, »dass es einen endgültigen Wahrheitsmaßstab kraft der Verschiedenheit der Standpunkte nicht geben kann«. Augstein bekämpfte Wahrheitsmonopolisten, indem er sein Recht nutzte, sich über alles und jeden ein Urteil zu bilden. Mehr als jeder andere Journalist trug er dazu bei, dass die deutsche Politik öffentlicher, die Öffentlichkeit kritischer und die Demokratie lebendiger wurde. ■

Johann Sebastian Bach 1685* 1750†

Johann Sebastian Bach – Nach seinem Tod geriet die Musik des vielseitigen Komponisten beinahe in Vergessenheit. Heute zählen seine Werke unbestritten zum unübertroffenen Höhepunkt des musikalischen Barock – nicht nur in unserem Sonnensystem.

Zu den Vermächtnissen der Menschheit, mit denen die NASA 1977 ihre beiden Voyager-Raumsonden bestückte, um den Außerirdischen einen Eindruck von den Erdenbürgern zu vermitteln, gehören auch Stücke von Johann Sebastian Bach. Ein Stückchen *Brandenburgisches Konzert*, ein wenig *Wohltemperiertes Klavier*, etwas *Violin-Partita*, all das saust auf kupfernen Schallplatten durch den Raum. Gemessen an den Leistungen des Komponisten eine bescheidene Auswahl: die *Matthäus-Passion*, die *h-moll-Messe*, die *Kunst der Fuge* – Musik, die schon zur Bach-Zeit für manchen Erdbewohner klang wie von einem andern Stern – all das entgeht den Außerirdischen. Bach, das zeitlose Universalgenie, vollendete die Stile der Barock-Musik (nur zur Oper kam er nicht), die Techniken der Komposition. Er trieb die Mehrstimmigkeit auf die Spitze, baute Fugen-Gebäude mit mathematischer Präzision, vertonte Passionstexte bis an die Grenzen des Expressionistischen. Es waren neue Dimensionen, neue Universen, in die er vorstieß.

1705	**Reise zu Dietrich Buxtehude nach Lübeck**
1723	**Thomaskantor in Leipzig**
1734	***Weihnachtsoratorium***
1741	***Goldberg-Variationen***
1747	**Begegnung mit Friedrich dem Großen**
1829	**Wiederaufführung der *Matthäus-Passion* in Berlin**

Bachs irdische Umlaufbahn umkreiste Thüringen. In Eisenach geboren, setzte er die 200-jährige Musiker-Dynastie der Bach-Familie fort (1735 konnte er auf 53 Musiker-Ahnen zurückblicken) und sicherte auch deren weiteren Fortbestand: zwei Ehen, zwanzig Kinder; zehn starben früh, vier wurden bedeutende Komponisten. Bach selbst war mit zehn Jahren Waise und wuchs bei seinem älteren Bruder Johann Christoph auf, von dem er auch eine erste musikalische Ausbildung erhielt. Die neuesten Hits faszinierten ihn, Musik, die ihm der Bruder vorenthielt. Bei Mondschein griff er in den Notenschrank und schrieb heimlich sei-

ne Favoriten nieder, Note für Note, Nacht für Nacht – eine hübsche Anekdote. Sein Werdegang führte ihn als Schüler nach Lüneburg, als Organist nach Arnstadt, als Hofmusiker nach Weimar und Köthen, 1723 als Thomaskantor und Musikdirektor nach Leipzig. Ein zielstrebiger Aufstieg mit dickköpfigen Reibereien. Bach schien zu wissen, was er wert war. Seinen Arnstadter Urlaub überzog er im Stile eines modernen brasilianischen Fußballstars gleich um mehrere Monate, gegen streitlustige Schüler zückte er den Degen. In Weimar fiel er in Ungnade, weil er – wie so oft – weg wollte. Vier Wochen Arrest waren die Quittung. Auch der Chefposten in Leipzig war für ihn beladen mit lästigen Pflichten, es gab erneut Querelen mit der Obrigkeit. Doch gerade in dieser Phase der beruflichen Frustration entstanden die *Passionen*, das *Magnificat*, das *Musikalische Opfer* (mit einem Thema, das 1747 in Potsdam Friedrich der Große höchstpersönlich für ihn erfunden haben soll), die *Goldberg-Variationen*. Musik für die Ewigkeit, die in großen Teilen wirkt wie musikalischer Gottesdienst. Die Worte »Soli Deo Gloria« (Gott allein die Ehre) beschließen Bachs sorgfältig gestaltete Notenmanuskripte. Der lutherische Glaube war das Fundament. Seine letzten großen Werke musste er diktieren – er erblindet, vermutlich infolge Diabetes. Nach seinem Tod geriet er mit seiner Musik zunächst in Vergessenheit.

Bach schrieb für den täglichen Gebrauch (rund 300 Kantaten) und für die Nachwelt. Vieles ging verloren, wenig kam zu Lebzeiten in den Druck. Sein Nachlass – das aktuelle Verzeichnis zählt 1121 Werke – wurde in alle Winde verstreut; noch 1971 kam im Schutt einer Baustelle in New York ein originales Notenblatt zum Vorschein. Erstmals wieder entdeckt wurde Bach von den Romantikern. Die Wiederaufführung der *Matthäus-Passion* 1829 in Berlin durch Felix Mendelssohn Bartholdy erweckte den Komponisten zu neuem Leben. Die erste Gesamtausgabe seiner Werke wurde zur »nationalen Aufgabe« und dauerte bis 1900. In ein paar Millionen Jahren wird der Mensch samt Musik von der Erde verschwunden sein. Bach aber wird allgegenwärtig bleiben und andere Sonnensysteme erreichen – auf den Kupferscheiben an Bord der Voyager-Sonden. Denn die sollen eine Milliarde Jahre überdauern. ■

»Bey einer andächtigen Musique ist allezeit Gott mit seiner Gnaden Gegenwart.« Bach

Franz Beckenbauer 1945*

Franz Beckenbauer – Souverän, elegant, majestätisch spielte er Fußball. Und mitten in der Demokratie wurde ein »Kaiserreich« ausgerufen. Bis heute regiert Kaiser Franz – und zwar längst nicht mehr nur auf dem Spielfeld.

Kaum einer kennt die Computeranalysen, die beweisen, wie sehr Franz Beckenbauer die Bälle anzog – als seien seine Mitspieler Magnetnadeln und er der Pol: Während eines neunzigminütigen Spiels wurden bei Beckenbauer sagenhafte 16,5 Minuten Ballbesitz festgestellt. Da blieben für jeden der 21 Kollegen nur gut drei Minuten übrig. Keiner hielt den Ball länger als er. Selbst der Holländer Johan Cruyff, seinerzeit Beckenbauers schärfster Konkurrent im Meinungsstreit um den besten Fußballer weltweit, kam nur auf sieben Minuten Ballbesitz. Wer also neben dieser Lichtgestalt des deutschen Fußballs glänzen wollte, der musste schnelle Akzente setzen, wie Beckenbauers Mannschaftskamerad Gerd Müller, bis heute der wohl kaltblütigste und schnörkelloseste Torjäger des Landes. Den Fußballästheten waren die knapp hundert Ballkontakte Beckenbauers pro Spiel allerdings noch zu wenig. Zu groß war der Genuss, ihn übers Feld tänzeln zu sehen: stets aufrecht und elegant, kaum mal am Boden liegend, den Blick nach vorne, hinten, rechts und links gerichtet, nur nicht nach unten auf den Ball – der gehorchte ihm sowieso. Alles wirkte souverän, überlegen, majestätisch. Schon bald war »Kaiser Franz« nicht mehr nur ein Wortspiel, sondern ein Markenzeichen des so geadelten Kickers. Noch heute, zwanzig Jahre nach seiner aktiven Zeit, weiß jeder, wer gemeint ist, wenn vom »Kaiser« die Rede ist. Kritiker warfen dem Erfinder des modernen Liberospiels Mangel an »deutschen Tugenden« vor: Er habe sich nie bis zur Selbstaufgabe ins Zeug gelegt, seine Spielweise sei arrogant und überheblich. Das ist, als würde man Mozart ankreiden, nicht mit Hammer und Amboss musiziert zu haben. Vielmehr wurden durch Beckenbauer und ähnlich begabte Spieler wie Netzer,

- **1967 Gewinn des Europapokals der Pokalsieger mit Bayern München**
- **1972 Europameister**
- **1974 Weltmeister**
- **1974–1976 Europapokalsieger der Landesmeister mit Bayern München**
- **1990 Weltmeister als Trainer**

Overath und Grabowski die goldenen siebziger Jahre im deutschen Fußball eingeläutet, eine Ära, technisch und kreativ auf höchstem Niveau.

Beckenbauers Stern strahlte nicht nur über den Fußballstadien: Peter Boenisch, der frühere Sprecher der Regierung Kohl, erinnert sich, dass ausländische Staatsgäste immer wieder auf Beckenbauer zu sprechen kamen. Kein Wunder, zählt der Münchner laut Umfragen im Ausland doch zu den bekanntesten Deutschen weltweit. Seine weltmännisch-elegante Art, die ihn nicht nur auf dem Fußballplatz von vielen Spielern unterscheidet, öffnete ihm früh wichtige Türen. Fast alles, was Franz Beckenbauer anpackte, gelang ihm auch. »Ich habe immer viel Glück gehabt«, lautet seine bescheidene Erklärung. Doch seine Genialität hatte nur zum Teil mit Glück zu tun, zum Großteil steckten harte Arbeit und Durchsetzungsvermögen dahinter. Seine Lehre zum Versicherungskaufmann brach er ab, um für 160 Mark monatlich Profi beim Zweitligisten Bayern München zu werden. Der Vater war konsterniert, die Mutter unterstützte die eigenwilligen Pläne ihres Sohnes – und hatte Recht. Ob mit Bayern München, der Nationalelf, Cosmos New York oder Marseille, ob als Spieler, Trainer oder Präsident: Wo Beckenbauer agierte, regierte der Erfolg. Nur privat gelang das nicht immer, auch wenn nach gescheiterten Ehen oder Partnerschaften wieder ein neues Glück auf ihn wartete.

»Ich bin immer noch am überlegen, welche Sportart meine Mannschaft an diesem Abend ausgeübt hat. Fußball war es mit Sicherheit nicht.« BECKENBAUER

Nachdem Beckenbauer seine aktive Laufbahn 1982 beendet hatte, begann das zweite nicht minder erfolgreiche Leben des Kaisers. 1984, Fußball-Deutschland war unter Bundestrainer Jupp Derwall in sportliche Nöte geraten, erfand der DFB einen neuen Titel für den Ehrenspielführer Beckenbauer, um ihn zum Bundestrainer machen zu können: »Teamchef« der Nationalmannschaft. Der WM-Titel krönte 1990 seine Laufbahn als Trainer ohne Lizenz. Sein Glanz färbte, wie nicht anders zu erwarten, auch auf den DFB ab: Nach zwei Weltmeisterschaften als Spieler und Trainer holte Franz Beckenbauer, mittlerweile auch Präsident des FC Bayern München, die WM 2006 ins eigene Land. Wie es dort dann weitergehen wird? Schaun mer mal! ■

BORIS BECKER 1967*

■ **Boris Becker – Er schrieb eine der größten Erfolgsgeschichten im internationalen Sport. In seinen 14 Jahren als Tennisprofi dominierte er nicht nur die Sportgazetten, sondern auch die Klatschspalten.**

Am 7. Juli 1985 um 16.26 Uhr Londoner Ortszeit durchbrach der Aufschlag des 17-jährigen Leimeners die Rückhandseite Kevin Currens zum 6:4 im entscheidenden Satz. Elf Millionen deutscher TV-Zuschauer erlebten die Geburtsstunde eines Weltstars. Dieser völlig unerwartete Sieg in Wimbledon, seinem späteren »Wohnzimmer«, machte Boris Becker zum deutschen Sportidol Nr. 1 und Tennis über Nacht vom großbürgerlichen Clubsport zum nationalen Medienereignis mit traumhaften Einschaltquoten. 14 Jahre litten und triumphierten die Deutschen mit ihm, es gab kaum ein Spiel ohne faszinierende Höhen und Tiefen, ohne Becker-Hecht und Becker-Faust. Der unbeirrbare Kämpfer gab immer alles, wie während des legendären 6-Stunden-39-Minuten-Marathons gegen John McEnroe im Jahre 1987. Die Zuschauer am Fernseher mussten viel Zeit mitbringen, denn 5-Satz-Matches waren Beckers Spezialität. Der Feuerkopf wurde all die Jahre in vielen hundert, gar tausend Großaufnahmen gezeigt – es gibt kein Gesicht eines internationalen Stars, das wir so gut kennen gelernt, so sehr verinnerlicht haben wie seins.

1971 **Erste Spielereien auf dem Vereinsgelände von Blau-Weiß Leimen**
1985 **Gewinnt als jüngster Spieler und erster Deutscher Wimbledon**
1988 **Erster Daviscupsieg für Deutschland**
1991 **Nummer 1 der Weltrangliste**
1999 **Ende der Profikarriere**

Langsam, vor den Augen einer gierigen Öffentlichkeit, reift Becker, offiziell im Steuerparadies Monte Carlo zu Hause, zur Persönlichkeit. Auf dem Weg zur Spitze der Weltrangliste trennt er sich von alten Gefährten wie Bosch, Tiriac und Pilic; für ihn sind dies »Häutungen«, andere nennen ihn den »Meister des Absvervierens« (*FAZ*). Mit 26 heiratet er die Schauspielerin Barbara Feltus. Das Traumpaar Babs und Boris – schön, reich, begehrt – elektrisiert die Medien. Die Werbewirtschaft modelliert den Familienvater Becker, der im AOL-Werbespot daheim den Online-Zugang knackt: »Ich bin drin«, funkelt er lausbü-

bisch. In Wahrheit ist er eher draußen. Denn viele Geschäfte, die der Gobal Player anpackt, scheitern – wie das ambitionierte Internetportal Sportgate. Erfolgreich bleibt er bei der Vermarktung der eigenen Person, eingetragen im Patentamt unter Nummer 399 61 882.1/28. Im Sommer 1999 nimmt sein Leben dramatisch an Fahrt auf. Becker legt in London zwei kurze, aber geschichtsträchtige Auftritte hin: In seinem »Wohnzimmer« spielt er sein letztes Profimatch, in einer Besenkammer zeugt er ein uneheliches Kind. Als im folgenden Scheidungsprozess in Miami Anwalt Burstyn Becker einen Lügner schimpft, setzen Barbara und Boris einen einvernehmlichen Trennungsvertrag auf. Ruhe kehrt allerdings nicht in Beckers Leben ein. Im Herbst 2002 wird er vom Landgericht München I wegen Steuerhinterziehung zu einer Freiheitsstrafe von zwei Jahren auf Bewährung verurteilt. Seiner Beliebtheit sollte das keinen Abbruch tun – auf kurze öffentliche Empörung und kräftiges Rascheln im Blätterwald folgte stets Versöhnliches.

»Ich hatte keinen Libero und keinen Torwart, sondern ich war immer allein. Das prägt und das wird mich mein Leben lang prägen.«

Becker

Sein Aufstieg zum populärsten Star der Republik ist auch einer aggressiven Medienwelt zu verdanken, deren Regeln er schnell begriff: Bei ihm war alles Private immer öffentlich. Kalt hat er niemanden gelassen, zu keiner Zeit. Der Bundespräsident konnte sich einen Auftritt mit ihm im ZDF-Sportstudio nicht verkneifen, auch Nelson Mandela und der Papst, dem Boris einen Schläger überreichte, erlagen seinem Charme. Die Engländer lieben ihn, die ehrwürdige *London Times* beschäftigt Becker als Kolumnisten. Der Becker-Mythos dürfte den eines Max Schmeling, Fritz Walter oder Franz Beckenbauer noch übertreffen, weil er uns über viele Jahre mit seinen unvergesslichen Matches, wahren »Becker-Passionen« (Martin Walser), in den Bann zog. Und weil er einen Typ verkörpert, den die Welt in Deutschland nicht unbedingt vermutet: jungenhaft, charmant, leidenschaftlich. Undeutsch aufgrund seiner Emotionen, auf dem Court wie auf der privaten Bühne. Sein absoluter Siegeswille hat dabei nicht immer die Oberhand behalten und vielleicht hat ihn das noch sympathischer gemacht: »Mit meinem Talent hätte ich mehr gewinnen müssen, aber ich wollte auch noch leben.« ■

Ludwig van Beethoven 1770* 1827†

Ludwig van Beethoven – Erst waren es die hohen Töne, dann verstummten auch die tiefen. Schließlich hörte der Mann, der in der Musik zu den Vollendern der Wiener Klassik zählt, nichts mehr.

Sein halbes Leben lang quälte ihn diese schleichende Taubheit. Ein Komponist und Pianist, der nichts hört! Welch traurige Gestalt! Demütigung und Verzweiflung trieben ihn wiederholt an den Rand des Selbstmords. Schon früh galt Beethoven als Inbegriff des Genies, das seinem Schicksal trotzt. Goethe traf 1812 auf diese »ungebändigte Persönlichkeit«: unabhängig, kraftsprühend, grob, wilde Haare, schlechte Kleidung, misstrauisch, schwerhörig. Beethovens Musik verwirrte und faszinierte seine Zeitgenossen gleichermaßen. Die Subdominante am Beginn der 1. Sinfonie – unerhört! Das pochende Viertöne-Motiv der Fünften – verstörend! Die späten Klavierwerke – die machten Knoten in die Finger! Da spukte Neues in den Gehörgängen herum, keine klassische Konvention: Musik wurde Sprache, buchstäblich greifbar im Schlusschor der Neunten. Erstmals wurde in einer Sinfonie gesungen! »Alle Menschen werden Brüder!« Plötzlich war da eine persönliche Botschaft in der Musik, ausgerechnet in der Musik eines Tauben, der zeit seines Lebens auch noch von Magenschmerzen, Durchfall, Fieber, Typhus, Nierensteinen und Atemnot geplagt wurde. Der Tod kam schließlich mit Wasser- und Gelbsucht, Leberversagen. Eine neuere Haaranalyse brachte die Erkenntnis, dass das Genie vermutlich jahrelang an einer schweren Bleivergiftung litt. Und trotzdem – oder gerade deshalb – schuf der Mann in 56 Lebensjahren neben rund 200 kleineren 138 große, in den Rang von Opus-Zahlen erhobene Werke: neun Sinfonien, 32 Klaviersonaten, die *Missa solemnis*, die Oper *Fidelio*, Konzerte und Streichquartette. Dazu ein Skizzenwust von tausenden Seiten mit wirrem Gekritzel, das denen, die es entziffern können, eine Ahnung gibt, in welch quälendem Prozess sich auch ein Genie simple melodische Einfälle abringen muss.

1792 **Umzug nach Wien**
1798 **Beginnende Taubheit**
1808 ***Fünfte Sinfonie* vollendet**
1812 **Brief an die *Unsterbliche Geliebte***
1824 **Uraufführung der *Neunten Sinfonie***

Sein ganzes Leben war ein Ringen. In Bonn schikanierte der trunksüchtige Vater den Knaben mit dem pockennarbigen Gesicht. Er sollte ein zweiter Mozart werden. Den wollte Beethoven im April des Jahres 1787 in Wien aufsuchen, doch die todkranke Mutter ließ ihn nach Bonn zurückeilen. Als sie starb, wurde Beethoven notgedrungen zum Familienoberhaupt; zwei kleine Brüder und der alkoholkranke Vater mussten versorgt werden, die Karriere hatte zu warten. Später, wieder in Wien, wo eine kurze Lehre bei Haydn zur Meisterschaft genügte, wurde er nie heimisch. Kein Jahr blieb ohne Wohnungswechsel. Das ersehnte Familienleben gab es nicht, Beethoven verlor sich in aussichtslos törichten Heiratsabsichten – ein nie abgeschickter Brief an die anonyme *Unsterbliche Geliebte* wurde posthum zum Mythos. Der Selbstmordversuch des geliebten Neffen Karl ging Beethoven im letzten Lebensjahr sehr nahe. Seit dem Tod des Bruders Johann (1815) war Karl für ihn zum Sohnersatz geworden. Der Möchtegernvater entriss in jahrelangem Rechtsstreit der Mutter das Sorgerecht – Beethovens herzlose Seite. Manche Biografen glauben, die regelmäßigen physischen und psychischen Krisen hätten Beethovens Schaffen beflügelt: Komponieren als Therapie. Tatsächlich wurde Beethoven in Wien zum Star und als glänzender Pianist gefeiert. Auch geschäftlich bewies er Geschick, spielte Verleger Gewinn bringend gegeneinander aus und nutzte den Wiener Kongress 1814 als Bühne. Mit der Kriegsmusik *Wellingtons Sieg oder die Schlacht bei Vittoria* erlebte er einen seiner größten Erfolge. Doch die Therapie wirkte nur äußerlich. Die inneren Qualen blieben, die Taubheit schritt voran.

»Ich will dem Schicksal in den Rachen greifen; ganz niederbeugen soll es mich gewiss nicht.«
BEETHOVEN

Beethoven gilt als der meistgespielte Instrumentalkomponist aller Zeiten. Mit der *Fünften Sinfonie* hinterließ er seinen Fingerabdruck in der Musikgeschichte. Die *Neunte* machte ihn zum Allgemeingut. 2001 wurde sie als erste Komposition in das Weltdokumentenerbe der UNESCO aufgenommen. Bei ihrer Premiere 1824 erlebte Beethoven seinen letzten öffentlichen Triumph. Schillers Ode *An die Freude*, jener spätere Welthit, der es der Menschheit so sehr angetan hat, wurde mit tosenden Ovationen gefeiert – doch Beethovens Ohren haben ihn nie gehört. ■

Karl Benz 1844* 1929†

Karl Benz – Er war einer der großen Pioniere des Automobils. 1885 baute er das erste Auto der Geschichte. Der Traum von einer neuen Mobilität wurde zur Grundlage eines erfolgreichen Unternehmens, das zum Weltkonzern heranwuchs.

In das amtliche Geburtsregister wurde er als Karl Friedrich Michael Wailand eingetragen – erst nach seiner Geburt heiratete die Mutter den Vater, einen der ersten Lokomotivführer Deutschlands. Vater Benz starb zwei Jahre später an einer Lungenentzündung, die er sich in der Führerkabine seiner Dampflok zugezogen hatte. Trotz ihrer engen Verhältnisse ermöglichte die Witwe dem begabten Sohn den Besuch des Gymnasiums und der polytechnischen Hochschule in Karlsruhe. Danach arbeitete der junge Benz als Schlosser, Zeichner und Konstrukteur in wechselnden Firmen, bis er 1871 mit 27 Jahren eine eigene Werkstatt in Mannheim eröffnete. Er träumte bereits davon, »ein Fahrzeug herzustellen, das ohne Pferde, ähnlich wie die Züge auf den Schienen, sich auf der Landstraße schienenlos bewegte«. Der Durchbruch kam nach jahrelangem mühseligem Herumbasteln. Die Einrichtung der Werkstatt war schon gepfändet, als er 1879 mit einem Gasmotor den ersten Erfolg hatte. Auf einmal interessierten sich Männer mit Kapital für den Mannheimer Tüftler. 1883 gründete er mit einigen von ihnen die Firma »Benz & Co. Rheinische Gasmotorenfabrik« und machte sich an die Verwirklichung seines Traums.

1883 **Gründung der Firma »Benz & Co. Rheinische Gasmotorenfabrik« in Mannheim**

1885 **Fertigstellung des ersten (dreirädrigen) Automobils der Welt**

1888 **Erste automobile Fernfahrt von Mannheim nach Pforzheim**

1926 **Fusion von Benz und Daimler zur Daimler-Benz AG**

Das Problem war, einen leichten, aber schnell laufenden Motor zu bauen, der in ein Fahrzeug passte. »Carl« Benz – er zog später das »C« dem offiziellen »K« vor – nahm als Grundprinzip den stationären Otto-Motor, dessen Patentschutz abgelaufen war, und revolutionierte ihn. Er entwickelte einen Wasserkühler, eine elektrische Zündung und den Masseausgleich an der Kurbelwelle, die bis heute Grundelemente der

Fahrzeugtechnik sind. 1885 war es dann so weit: Im Hof seiner Werkstatt im Mannheimer Quadrat T 6 unternahm Benz die ersten Fahrversuche mit einem Motorwagen auf drei Rädern. Für ihn erhielt er im Januar 1886 das deutsche Reichspatent Nr. 37435. Er hatte das erste Auto gebaut. Der große Wurf war ihm gelungen, doch das Publikum reagierte belustigt und ablehnend. Niemand wollte den »Selbstbeweglichen« kaufen, der wie eine Kutsche ohne Pferde aussah. Erst Benz' resolute Frau Bertha brachte mit einem kühnen Marketingstreich die Wende. Ohne das Wissen von Benz nahm sie im August 1888 den Wagen und fuhr die rund achtzig Kilometer von Mannheim nach Pforzheim – die erste »Fernfahrt« der Automobilgeschichte. Die Öffentlichkeit war beeindruckt, Benz' Autos, die bald auf vier Rädern und mit einer neuartigen, von ihm entwickelten Lenkung rollten, wurden nun doch noch zum Verkaufsschlager.

> »Meine Lieblingsidee war, die Lokomotive auf die Straße zu stellen, ich wollte sie aus ihrer Zwangsläufigkeit befreien.« Benz

Als Benz sein Unternehmen 1899 in eine Aktiengesellschaft umwandelte, war er der größte Automobilhersteller der Welt – und ein reicher Mann. Doch der Erfinder stand da schon nicht mehr an der Spitze der Entwicklung, die immer schnellere Wagen forderte. Mit seinem Motto »50 Stundenkilometer sind genug« erschien er immer mehr als »Mann von gestern«. Der neue »Mercedes« seines schwäbischen Erzrivalen Daimler und andere Fabrikate überholten seine Autos – auf den Straßen und auch wirtschaftlich. Die alarmierten Partner zogen die Notbremse und stellten ohne Benz' Einwilligung junge Ingenieure aus Frankreich ein. Für Benz ein Affront, er verließ den Vorstand unter Protest. Doch als die neuen Konstruktionen ein Erfolg wurden und das Unternehmen wieder expandierte, war sein Zorn bald verraucht. 1904 trat er in den Aufsichtsrat ein, dem er bis zu seinem Tod angehörte. Benz erlebte 1926 noch die Fusion von Benz und Daimler und erhielt für seine »wunderbare Errungenschaft« den Ehrendoktor der Universität seiner alten Heimatstadt Karlsruhe. Gleichwohl blickte der Vielgeehrte am Ende seines Lebens mit Wehmut zurück. Einem Freund vertraute er an: »Glaube mir, Erfinden ist unendlich viel schöner, als erfunden zu haben. O wie gerne würde ich wieder von vorne anfangen.« ■

Joseph Beuys 1921* 1986†

Joseph Beuys – Er war einer der größten deutschen Künstler des 20. Jahrhunderts, auch wenn seine Kunst polarisierte. Er wollte die Kunst »vom Sockel holen«, seine Anhänger feierten ihn als Messias, seine Ideen und Aktionen beeinflussten die moderne Kunst nachhaltig.

Die Explosion war gewaltig, die Maschine geriet ins Trudeln. Joseph Beuys gelang es gerade noch, die JU 87 hinter die eigenen Linien zu steuern. Dann stürzte das Flugzeug ab. Der Mann am Steuer verlor das Bewusstsein, sein Kamerad war tot. Kurze Zeit später entdeckten Krim-Tataren den Mann in dem Wrack, sie trugen ihn in ihre Zelte, hüllten ihn in Filzdecken und salbten seine Wunden mit Tierfett. Es war ein Schlüsselerlebnis für Beuys. Filz und Fett wurden zum Mittel seiner symbolischen Kunst. Joseph Beuys, 1921 in Kleve geboren, hatte ein naturwissenschaftliches Studium begonnen, bevor er zur Luftwaffe einberufen wurde. Bei dem Absturz erlitt er schwere Verletzungen, die ihn sein Leben lang peinigen sollten. Sein Filzhut war nicht nur Markenzeichen, sondern verdeckte auch eine eingepflanzte Silberplatte in der Schädeldecke. Nach dem Krieg studierte Beuys an der Düsseldorfer Kunstakademie, 1961 wurde er dort Professor.

1942 **Schwere Verwundung in der Ukraine**
1947–1951 **Studium an der Kunstakademie**
1961–1973 **Professor für Bildhauerei in Düsseldorf**
1964–1982 **Teilnahme an der jeweiligen »documenta« in Kassel**
ab 1967 **politisches Engagement, u. a. bei den Grünen**

Als »Skandalfigur« trat Beuys erstmals auf einem Kunstfestival in Aachen auf, als er, von einem Studenten blutig geschlagen, mit einem Kruzifix in der Hand vors Publikum trat. Das entsprechende Foto wurde zum Leitbild der Avantgarde. Kunst war für Beuys immer Aktion, war Prozess, nichts Starres und Museales. Er wollte auf einen »erweiterten Kunstbegriff« hinaus, für ihn gehörten Kunst, Politik, Wissenschaft und Religion untrennbar zusammen. »Jeder Mensch ist ein Künstler« war seine Maxime. Alle Interessierten ließ er als seine Studenten zu, der Zulauf war beträchtlich. 1972 kam es zum Eklat: Beuys besetzte mit abgewiesenen Studenten das Sekretariat der Akademie, protestierte gegen das Auswahlverfahren der Hochschule. Am Abend erreichte ihn ein Brief vom damaligen Wissenschaftsminister Johannes Rau: Er war fristlos entlassen. Doch Beuys war zäh und zielstrebig, er diskutierte weiter mit seinen Studenten, korrigierte ihre Arbeiten in seinem Atelier und gründete eine eigene »Freie internationale Hochschule für Kreativität und interdisziplinäre Forschung«. Mit magischen Aktionen versuchte er immer wieder, die Kunst »vom Sockel zu holen«. Seine Materialien suchte er nicht nach ästhetischen, sondern nach organischen Kriterien aus. Fett bedeutete Energie für ihn, er bestrich Stühle damit oder klebte es in Raumecken. Filz war für ihn Wärme, er stapelte den Stoff oder schnitt Symbole daraus. Seine Bilder sind oft in braunroten Tönen gehalten, mit der »Caput Mortuum« genannten Farbe, in Anspielung auf die Vergänglichkeit allen Lebens. Beuys war charismatisch, er begeisterte und irritierte in seinen Aktionen. So fütterte er ein Klavier mit Waschpulver, ließ sich mit einem Kojoten in einen Käfig sperren oder tat so, als erkläre er einem toten Hasen die Kunst. Für kurze Zeit engagierte er sich bei den Grünen, wollte sogar für sie in den Bundestag. Doch auch hier eckte er an und wurde von der Landesliste gestrichen.

Er war ein Unruhestifter und die Spottfigur für alle Verächter der modernen Kunst, wurde höhnisch ausgelacht, als Putzfrauen versehentlich seine Fettecken aus einem Ausstellungsraum wischten. Der Künstler störte sich nicht daran: Unermüdlich arbeitete er weiter, überraschte mit großen »Happenings« auf internationalen Ausstellungen. Mit der Retrospektive des New Yorker Guggenheim-Museums wurde sein Werk weltweit bekannt – es folgte sogar eine Ausstellung in Japan. Sein Beitrag zur documenta 7 in Kassel, »Stadtverwaldung statt Stadtverwaltung«, erregte in Deutschland Aufsehen.

> »Die Schöpfung kann mich mal – der Mensch ist der Schöpfer selbst!« BEUYS

Im Dezember 1985 baute er in Neapel seine letzte große Installation: In vier Vitrinen legte er Objekte aus seinen Lieblingsmaterialien – die Ausstellung war sein Vermächtnis, einen Monat später starb Joseph Beuys. Die Verdammungen sind verraucht, der Spott und die Beschimpfungen leiser geworden. Seine Werke erzielen Höchstpreise auf dem Kunstmarkt, viele seiner Installationen sind heute Dauerausstellungsstücke in deutschen Museen. ■

Otto von Bismarck 1815* 1898†

Otto von Bismarck – Er war der Architekt des Deutschen Reiches von 1871 und begründete damit den deutschen Nationalstaat. Als Reichskanzler führte er das geeinte Deutschland an die Spitze Europas und legte mit der Einführung von Sozialversicherungen das Fundament des modernen Sozialstaats.

Wo einst Besucher und Höflinge dem »Sonnenkönig« gehuldigt hatten, tummelten sich nun Fürsten, Prinzen, Minister und Militärs aus allen deutschen Landesstaaten. Es war eine denkwürdige Versammlung an jenem 18. Januar 1871 im Spiegelsaal des Versailler Schlosses, dem prunkvollen Empfangsraum des französischen Königs Ludwig XIV. Alles, was Rang und Namen hatte, war gekommen, um hier, im Herzen des besiegten Frankreichs, Preußenkönig Wilhelm I. zum »Deutschen Kaiser« zu proklamieren. Nun sollte endlich verwirklicht werden, was über Jahrhunderte misslungen war: die Schaffung eines deutschen Nationalstaats. Im allgemeinen Jubel, der auf die Proklamation folgte, fiel kaum auf, dass sich der frisch gebackene Kaiser auffallend kühl gegenüber dem Mann verhielt, der ihm mehr als jeder andere zu diesem neuen Rang verholfen hatte: Otto von Bismarck. Bis zur letzten Minute hatte der preußische Ministerpräsident mit seinem Monarchen, der am liebsten nur König von Preußen geblieben wäre, um den neuen Titel gerungen; grollend hatte Wilhelm I. am Ende nachgegeben. Seine Majestät habe ihm dies so übel genommen, erinnerte sich Bismarck später, dass er nach der Proklamation »beim Herabtreten von dem erhöhten Stand der Fürsten mich, der ich allein auf dem freien Platz davor stand, ignorierte, an mir vorüberging, um den hinter mir stehenden Generalen die Hand zu geben«. Der Groll des Kaisers sollte nicht lange halten. Nur zwei Monate später, am 21. März 1871, erhob er den Grafen in den erblichen Fürstenstand. Wilhelm I. ehrte damit den genialen Außenpolitiker und Staatsmann, der

1847	**Heirat mit Johanna von Puttkamer**
1851	**Preußischer Gesandter beim Deutschen Bund in Frankfurt**
1862	**Berufung zum preußischen Ministerpräsidenten und Außenminister**
1871	**Erster Reichskanzler des neu gegründeten Deutschen Reiches**
1890	**Entlassung als Reichskanzler und preußischer Ministerpräsident**

seit seinem Antritt als preußischer Ministerpräsident 1862 drei siegreiche Kriege gegen Dänemark, Österreich-Ungarn und schließlich gegen Frankreich geführt und die deutschen Einzelstaaten unter preußischer Führung zum ersten Mal zu einem Nationalstaat vereint hatte. Der Kaiser blieb seinem ersten Minister weiterhin treu. Noch fast zwei Jahrzehnte drückte Bismarck als Reichskanzler dem neuen Deutschen Reich innen- und außenpolitisch seinen Stempel auf und sicherte ihm vor allem wegen seines kategorischen Verzichts auf Kriege einen Spitzenplatz unter den Großmächten von Europa. Erst im März des Jahres 1890 bereitete der Enkel des alten Kaisers, Wilhelm II., der »Ära Bismarck« durch die Entlassung des Kanzlers ein Ende.

> »Wir Deutschen fürchten Gott, aber sonst nichts in der Welt.« BISMARCK

Seinem glanzvollen außenpolitischen Erbe steht ein innenpolitisch zwiespältiges gegenüber. Obwohl Bismarck mit dem Reichstag ein gesamtdeutsches Parlament durchsetzte, das aus allgemeinen, geheimen Wahlen hervorging, war er, wie viele seiner Zeitgenossen, kein Demokrat. Mit großer Schärfe verteidigte er die Vormacht der von ihm geführten, nur dem Kaiser verantwortlichen Regierung gegenüber dem Reichstag. Um innere Widerstände gegen seine Politik zu brechen, attackierte er im »Kulturkampf« (1871–1878) die katholische Kirche und die mit ihr verbundene Zentrumspartei und versuchte, die aufkommende Sozialdemokratie durch das Sozialistengesetz von 1878 zu unterdrücken – beides ohne Erfolg. Bahnbrechend allerdings war das von Bismarck eingeführte Sozialsystem mit Kranken-, Unfall-, Invaliden- und Altersversicherungen. Auch wenn deren eigentlicher Zweck für ihn darin lag, die Arbeiterschaft an den monarchischen Staat zu binden, wurden sie zum zukunftsweisenden Vorbild auch außerhalb Deutschlands.

Schon zu Lebzeiten war der »Eiserne Kanzler« ein Mythos. Für die einen war er ein Reaktionär, für die anderen ein begnadeter Staatsmann, der trotz seiner Fistelstimme mit großen Reden begeisterte und unzählige geflügelte Worte prägte. Seine im letzten Lebensjahrzehnt verfassten Erinnerungen nehmen eine einzigartige Stellung in der politischen Memoirenliteratur ein – und sein Erbe wirkt trotz zweier Kriege, Revolutionen und Verwerfungen im wiedervereinigten Deutschland nach. ■

Roy Black 1943* 1991†

Roy Black – Dem Schlagerkönig lag das zumeist weibliche Publikum zu Füßen. Doch »Ganz in Weiß« entpuppte sich als Segen und Fluch. Der Traummann wider Willen zerbrach am Showgeschäft.

Endlich war der letzte Drehtag geschafft und die zweite Staffel von *Ein Schloss am Wörthersee* im Kasten. Noch eine Abschlussfeier mit dem Team, dann ging es wieder zur geliebten Angelhütte nach Oberbayern. Dort schloss der Schlagersänger und Serienstar die Tür zum letzten Mal hinter sich. Roy Black starb mit nur 48 Jahren. Über die Todesursache wird bis heute spekuliert: Das Ergebnis der Obduktion lautete »natürliche Todesursache durch Herzversagen«. Sein Sohn und die *Bild*-Zeitung meinten, dass es Selbstmord war, angeblich habe er die Trennung von seiner Frau nicht verkraftet. Andere glaubten, der Alkohol habe ihn ruiniert. Seine Beerdigung geriet zum Spektakel. Der frühe Tod ließ Roy Black zu einer Legende werden. Reisebusse aus ganz Europa steuerten über Jahre den kleinen Friedhof in Straßberg an. Seine seichten Evergreens sind allgegenwärtig, sein wechselvolles Leben ist Stoff für Film- und Musicalproduktionen. Der Stern des Sängers ging in den »Golden Sixties« auf. Mit »Du bist nicht allein« und »Ganz in Weiß« brachte Roy Black Mädchen samt Müttern zum Schluchzen. Millionen verkaufter Platten und zwölf Spielfilme machten ihn zum Lieblingsschwiegersohn der Nation. Dabei wollte der Herzensbrecher eigentlich ein anderer sein.

1965 **Nummer-1-Hit »Ganz in Weiß«**
1968 **Spielfilm-Hauptrolle *Immer Ärger mit den Paukern***
1978 **Als erster westdeutscher Musiker Auftritte in der DDR**
1986 **Herzoperation**
1989 ***Ein Schloss am Wörthersee***

Bereits als Pennäler machte Gerhard Höllerich Musik. Gerhard Höllerich – kein Name für einen Rocksänger. Wegen seiner schwarzen Mähne nannten ihn alle »Blacky«, Roy Orbison hatte er als Vorbild auserkoren. Die Kombination ergab »Roy Black and his Canons«, eine straßenfegende Beatband aus Augsburg, über die die Lokalpresse mit Überschriften wie »Zwei Schülerinnen ohnmächtig« berichtete. Plattenproduzent Hans Bertram wurde auf den schönen Frontmann aufmerksam und verordnete dem Talent statt Beat Sweet. Roy Black fügte sich in das Weichspülkonzept, das wahre Liebe, trautes Heim und heile Welt an die Frau bringen sollte. Er war als Traummann so viel versprechend, dass ihn sogar der Beatles-Manager Brian Epstein kennen lernen wollte. Man traute ihm eine Weltkarriere zu, schließlich sah der Abräumer aus Germany noch besser aus als Engelbert. Der Umworbene ließ den Termin einfach platzen. Er hatte vorerst genug von dem Rummel um seine Person. Nur Silke Vagts, die Frau seines Herzens, konnte er nicht vor der Öffentlichkeit verstecken. Die Traumhochzeit rührte Deutschland zu Tränen. Alles schien wie im Märchen, doch plötzlich wendete sich das Schicksal. Mitte der Siebziger war die goldene Schlagerzeit vorbei, die Plattenumsätze brachen ein und ein Bauherrenmodell kostete ihn Millionen. Kein Wunder also, dass ihm nun auch noch sein in der Kindheit diagnostizierter Herzfehler zu schaffen machte. Der Gebeutelte arbeitete sich mit Ralph Siegels Hilfe wieder hoch und schrieb Geschichte: Als erster westdeutscher Schlagerstar durfte Roy Black in der DDR auftreten. Es folgte aber ein erneuter Rückschlag. Die Scheidung von seiner Frau warf ihn aus der Bahn, eine Herzoperation legte ihn flach, und der Tröster Alkohol schien sein bester Freund zu werden – Roy Black wurde die negativen Schlagzeilen nicht mehr los. Seine Kritiker nannten ihn »harmlosen Schlagerfuzzi«, »depressiven Suchtkranken« oder »Sprühsahnesänger«. Um sich über Wasser zu halten, trat der alternde Sunnyboy in Kaufhäusern, bei Schützenfesten und Kaffeefahrten auf. Erst die Rolle als Hoteldirektor am Wörthersee brachte ihn zurück ins Rampenlicht. Vielleicht zu spät. Siebenmal brach er während der Dreharbeiten zusammen.

»Ich war eine Marionette. Wer ich wirklich war, dafür hat sich niemand interessiert.« Black

Roy Black brauchte die Bühne und die ehrliche Anerkennung. Schlechte Kritiken machten ihn rasend. Der Schlagersänger wäre ohnehin lieber Rock'n'Roller gewesen. »Eine gesunde Schizophrenie gehört dazu«, sagte er zu Beginn seiner Karriere, nicht ahnend, dass er später an der Zerrissenheit zugrunde gehen könnte. Roy Black, der Mann, der die Nation immer wieder zum Träumen brachte, starb am 9. Oktober 1991 an gebrochenem Herzen. ■

Friedrich von Bodelschwingh 1831* 1910†

Friedrich von Bodelschwingh – Er war die religiös-konservative Antwort auf die soziale Frage des 19. Jahrhunderts. Aus einer kleinen Pflegeanstalt in einem Bielefelder Vorort machte er eine »Stadt der Barmherzigkeit« für Tausende Kranke und Not Leidende.

Der junge Bodelschwingh hatte es gut gemeint. Seit Jahren schon kümmerte er sich auf einem Gut in Hinterpommern um die Elenden, half mit Geld und Suppe aus, wo er konnte, und schärfte seinen Schützlingen ein, was er für eine der Hauptursachen des moralischen und sozialen Zerfalls hielt: »Teufel Alkohol«. Zum Erntefest 1854 ließ er daher zu Obst und Kuchen nur Kaffee reichen. Doch ein Unbekannter schmuggelte Schnaps auf das besinnliche Fest. Es kam, wie es kommen musste: eine wilde Prügelei begann. Die Feierstunde war geplatzt und Bodelschwingh düpiert. Aber der junge Adlige aus Westfalen ließ sich in seiner tätigen christlichen Nächstenliebe nicht beirren. Wohl am eindrucksvollsten bewies er das in der schwersten Stunde seines Lebens. In Dellwig an der Ruhr, wo der nunmehr studierte evangelische Theologe eine Pfarrei übernommen hatte, raffte im Januar 1869 die Diphtherie innerhalb von wenigen Tagen vier seiner Kinder dahin – für den tiefgläubigen Christen und seine Frau Ida die härteste Probe ihres Glaubens. Er bewältigte sie auf seine Art: »Damals, als unsere vier Kinder starben«, so schrieb er später, »merkte ich erst, wie hart Gott gegen Menschen sein kann, und darüber bin ich barmherzig geworden gegen andere.«

1854	**Beginn des Theologiestudiums**
1869	**Innerhalb von zwei Wochen sterben vier seiner Kinder an Diphtherie**
1872	**Übernahme der Leitung einer Heil- und Pflegeanstalt für Epileptische**
1898	**Beginn der Errichtung von »Kolonistenhöfen« für arbeitslose Wanderarbeiter**
1904	**Konservativer Abgeordneter im preußischen Landtag (bis 1908)**

Diese Barmherzigkeit war Friedrich von Bodelschwinghs größte Mitgift, als er 1872 in dem Bielefelder Vorort Bethel die Leitung einer kleinen Heil- und Pflegeanstalt für Epileptische übernahm. Er wollte die Kranken nicht nur versorgen, sondern ihnen auch ein Zuhause und einen Lebenssinn geben, das Gefühl, ein nützlicher und wichtiger Teil der

Gemeinschaft zu sein. Er verteilte sie daher gruppenweise auf verschiedene Häuser, für die jeweils ein Hausvater und eine Hausmutter zuständig waren, und wies jeder Patientin und jedem Patienten eine Aufgabe zu, im Haus, auf dem Feld oder in der Werkstatt. Unter Leitung von »Papa Bodelschwingh«, wie ihn seine Schützlinge gerne nannten, oder »Vater Beutelschwing«, wie ihn andere wegen seiner unermüdlichen Spendensuche tauften, entwickelte sich die kleine Pflegestätte für Epileptiker zu einem Zufluchts- und Rettungsort für kranke und Not leidende Menschen – von einem Krankendorf zu einer »Stadt der Barmherzigkeit« mit 4000 »Einwohnern«. Gleichsam nebenher errichtete Bodelschwingh darüber hinaus Heim- und Arbeitsstätten für arbeitslose Wanderarbeiter und sorgte für den Bau von neuen und besseren Arbeiterwohnungen. Seinen Anhängern galt er als »protestantischer Heiliger«, als neuer Franz von Asissi.

»Ein Tröpflein Liebe ist mehr wert als ein Sack voll Gold.« BODELSCHWINGH

Von seiner Herkunft und Denkungsart war er freilich alles andere als ein Sozialrevolutionär. Der Sohn eines preußischen Ministers und Jugendfreund von Kaiser Friedrich III. war ein christlich-konservativer Monarchist und ein großer Bewunderer des Hauses Hohenzollern. Wie Bismarck stellte er sein soziales Wirken in den Dienst der bestehenden Ordnung: »Gelingt es, dass in 30 bis 40 Jahren jeder fleißige Fabrikarbeiter vor seiner eigenen Hütte, unter seinem eigenen Apfelbaum sein Abendessen essen kann, dann ist die Sozialdemokratie tot, und der Thron der Hohenzollern ist auf Jahrhunderte gesichert«, schrieb er 1885. Für diese Haltung ist er nach dem Zweiten Weltkrieg scharf kritisiert worden: Durch sein Vorbild habe er die sozial engagierten protestantischen Christen eng an die Kreise der Konservativen, an Monarchie und Nationalismus gebunden und damit ihren Brückenschlag zu den Liberalen und den Sozialdemokraten verhindert, der vielleicht eine friedliche und demokratische Evolution des Deutschen Kaiserreiches ermöglicht hätte. Gewiss kann man das in Kenntnis der späteren Entwicklung bedauern, aber diese war für Bodelschwingh nicht voraussehbar. Seine politischen Ansichten haben nicht überdauert, aber die von ihm geschaffenen »Bodelschwingh'schen Anstalten« gibt es noch heute. ■

Dieter Bohlen 1954*

Karlheinz Böhm 1928*

■ **Karlheinz Böhm – Die Rolle als Kaiser Franz Joseph in der *Sissi*-Trilogie machte den Schauspieler über Nacht zum Star. Seine Berufung fand er jedoch erst in seinem engagierten Kampf gegen den Hunger in Äthiopien.**

16. Mai 1981: In der ZDF-Show »Wetten, dass ..?« forderte Karlheinz Böhm das Publikum heraus. Er wettete, »dass nicht jeder dritte Zuschauer eine Mark, einen Franken oder sieben Schilling für Menschen in der Sahelzone spendet.« Rund 18 Millionen Menschen sahen die Sendung, etwa 1,4 Millionen Mark kamen damals zusammen. Obwohl er damit gegen das Publikum gewonnen hatte, löst Karlheinz Böhm trotzdem seit über zwanzig Jahren seinen Wetteinsatz ein, bringt die Spenden persönlich nach Afrika und gewährleistet damit eine sinnvolle Verwendung. Im Oktober 1981 flog er das erste Mal nach Addis Abeba. In Äthiopien, einem der ärmsten Länder der Welt, suchte er nach geeigneten Projekten. Fündig geworden, gründete er einen Monat später in München die Hilfsorganisation »Menschen für Menschen«. Bald wurden Kritikerstimmen laut, das Engagement diene auch dazu, seiner Karriere wieder neuen Schwung zu geben. Davon konnte allerdings keine Rede sein – »Menschen für Menschen« krempelte das Leben des Schauspielers komplett um.

1949 **Erstes Engagement am Wiener Burgtheater**
1955–1957 ***Sissi*-Trilogie**
1960 ***Augen der Angst (Peeping Tom)***
1981 **Gründung »Menschen für Menschen«**
2001 **Großes Bundesverdienstkreuz mit Stern**

In Darmstadt als Sohn des berühmten österreichischen Dirigenten Karl Böhm und der Sängerin Thea Linhard geboren, wuchs Karlheinz Böhm in Hamburg und Dresden auf. In Wien besuchte er ab 1948 die Schauspielschule des Burgtheaters. Parallel bekam er erste Rollen beim Film. Den größten Erfolg feierte er mit der Sissi-Trilogie. Die bezaubernde Romy Schneider und Böhm als adretter Kaiser Franz Joseph waren das vergötterte Leinwandpaar der Wirtschaftswunderjahre. Der junge Schauspieler avancierte zum umjubelten Weltstar, dem Traum aller Schwiegermütter. Doch schon 1960 verlor er schlagartig mit einer einzigen Rolle sein Image als Charmeur. In dem Psychothriller

Augen der Angst verkörperte er einen Serienmörder, der seine weiblichen Opfer im Moment des Todes filmt. Das Publikum war geschockt, Böhms Karriere bekam einen dauerhaften Knick. Erst zwanzig Jahre später wurde der Film dank Martin Scorsese als Meisterwerk gewürdigt. Die *New York Times* zählt ihn seither zu den Top Ten der Filmklassiker. Böhm hielt sich bis in die siebziger Jahre hauptsächlich mit Theaterrollen über Wasser. Erst dann holte ihn Rainer Werner Fassbinder in die Kinos zurück. Der linksintellektuelle Regisseur (»neben meinem Vater der wichtigste Mensch in meinem Leben«) weckte zudem das sozialpolitische Interesse des Schauspielers.

Während einer Kenia-Reise wurde Böhm erstmals mit der Not in Afrika konfrontiert: »Ich fragte mich, warum auf unserer Erde, auf der so viel Nahrungsmittelüberschuss produziert wird, auch nur ein einziger Mensch an Hunger sterben muss.« Mit »Menschen für Menschen« fand Böhm im Alter von 53 Jahren die Rolle seines Lebens. Die Organisation leistet Hilfe zur Selbsthilfe, finanziert hauptsächlich langfristige Entwicklungsprojekte, um die Infrastruktur der ländlichen Regionen Äthiopiens und damit die Lebensbedingungen der Not leidenden Bauern zu verbessern. Böhm ist unermüdlich: »Als Motivation dient mir das kleine Wort Wut. Wut über die ungerechte und menschenverachtende Diskrepanz zwischen Arm und Reich.« Inzwischen erreichen die Hilfsmaßnahmen etwa 2,6 Millionen Menschen. Bis Ende 2002 kamen über 180 Millionen Euro Spendengelder zusammen, mit denen unter anderem Wasserstellen, Schulen und Ausbildungszentren, Polikliniken und ein Krankenhaus errichtet wurden. Experten schätzen, dass mehrere hunderttausend Menschen ihr Leben Böhms Initiative verdanken. Dafür habe er seinen Beruf gern geopfert, sagt er. Die humanitäre Leistung nimmt er nicht für sich in Anspruch: »Der Dank gebührt den Millionen von Menschen, die mir mit ihrer Spende das Vertrauen ausgesprochen haben.« Doch das Leid in Äthiopien wäre größer, wenn er nicht den ersten Schritt getan hätte – ein herausragendes Vorbild für gelebte Nächstenliebe. ■

»Wann werden die Reichen endlich begreifen, was der Hungertod, was die wirkliche Armut bedeutet und welche Bedrohung dies für den Weltfrieden bedeutet? Wir sollen Menschen für Menschen sein.« Böhm

Dietrich Bonhoeffer 1906* 1945†

■ Dietrich Bonhoeffer – Er war eine Symbolfigur des christlichen Widerstands gegen Adolf Hitler. Von seinem Gewissen getrieben beschritt der protestantische Theologe und Pastor den Weg vom kirchlichen in den politischen Widerstand – bis in den Tod.

Bonhoeffers Weg in den Widerstand war voller Zweifel, denn nach Herkunft und Ausbildung taugte er nicht zum Revolutionär. Der begabte Sohn aus großbürgerlichem Hause durchlief das Studium der evangelischen Theologie in Windeseile, promovierte 21-jährig mit Bravour, drei Jahre später folgte die Habilitation in Berlin, wo er Universitätsdozent und Studentenpfarrer wurde. Eine glänzende Karriere in Kirche und Wissenschaft lag vor ihm, als die Machtergreifung Hitlers alles veränderte. Bonhoeffer bezog Stellung und mahnte bereits am 1. Februar 1933 im Radio: »Führer und Amt, die sich selbst vergotten, spotten Gottes« – das Mikrofon wurde abgeschaltet. Doch er ließ sich nicht mundtot machen. Ein Jahr nachdem sich die evangelische Kirche 1934 in die hitlertreuen »Deutschen Christen« und die regimekritische Bekennende Kirche gespalten hatte, übernahm er die Leitung eines illegalen Predigerseminars der Bekennenden Kirche. Dort wurden Vikare ausgebildet, die Examina vor der Kirchenleitung ablehnten, weil diese vom Pastorennachwuchs nun den »Ariernachweis« verlangte. Bonhoeffer verlor seine Lehrerlaubnis, später wurde ein Rede- und Schreibverbot über ihn verhängt. Enttäuscht vom kirchlichen Widerstand, der eine isolierte Minderheit blieb, sah er nach Beginn des Krieges die Zeit gekommen, in der Christen »nicht nur die Opfer unter dem Rad verbinden, sondern dem Rad selbst in die Speichen fallen« sollten.

1931 **Habilitation an der Universität in Berlin**
1935 **Leiter eines illegalen Predigerseminars der Bekennenden Kirche in Pommern**
1939 **Einführung in den Widerstandskreis um Admiral Canaris**
1941 **Beginn der konspirativen Reisetätigkeit ins Ausland**
1943 **Verhaftung durch die Gestapo**

Durch seinen Schwager Hans von Dohnanyi wurde er 1939 in den politischen Widerstandskreis um den Abwehrchef der Wehrmacht, Wilhelm Canaris, eingeführt, wo man seine Kontakte zu Kirchenführern im

Ausland nutzte. Getarnt als Agent der Abwehr reiste Bonhoeffer im Mai 1942 nach Schweden und traf dort den englischen Bischof George Bell. Über ihn ließ er bei der britischen Regierung anfragen, ob diese nach dem geplanten Umsturz bereit wäre, mit einer aus dem Widerstand gebildeten Regierung zu verhandeln – eine Anfrage, die London aus Misstrauen nicht beantwortete. Bald gerieten Bonhoeffer und Dohnanyi ins Visier der Gestapo; am 5. April 1943 wurden sie verhaftet. Bonhoeffer saß zunächst im Militärgefängnis Berlin-Tegel ein, dann im Gestapogefängnis, schließlich im KZ Buchenwald. Doch erst nach dem gescheiterten Attentat vom 20. Juli 1944 gelang es der Gestapo, Bonhoeffer eine Widerstandstätigkeit nachzuweisen. Am 8. April 1945 wurde er in das KZ Flossenbürg gebracht. Am nächsten Morgen, nur wenige Wochen vor Ende des Krieges, betrat Bonhoeffer die Treppe zum Galgen. Er gab sein Leben für den Kampf gegen Hitlers Regime.

»Brüder durch Christus können nicht die Waffen gegeneinander richten, weil sie wissen, dass sie damit die Waffen auf Christus richten.«
BONHOEFFER

Bonhoeffers Bedeutung für den Widerstand liegt weniger im praktischen Handeln als in seiner theoretischen Rechtfertigung des Umsturzes. Ihm war es wichtig, sein Tun mit seinem Glauben zu vereinbaren. Gibt es ein christliches Widerstandsrecht gegen politische Gewalt? Ist Tyrannenmord vor Gott zu rechtfertigen? Welche Rolle kann Christus in einer religionslos gewordenen Welt noch spielen? Seine Schriften und Briefe vor und aus der Haft, in denen er zwischen Hoffnung und Todesangst mit diesen Fragen rang, gehören zu den Meilensteinen der deutschen Theologie. Für die Kirche galt er nach dem Krieg nur als politischer, nicht als kirchlicher Märtyrer – bis heute ein umstrittener Punkt. Für seinen Freund, Bischof Bell, der am 27. Juli 1945 in der Holy Trinity Church in London einen Gedächtnisgottesdienst für Dietrich Bonhoeffer abhielt, war er beides: »Er verkörpert den Widerstand der gläubigen Seele gegen den Angriff des Bösen wie auch die moralische und politische Revolte des Gewissens gegen Ungerechtigkeit und Gräuel. Für ihn gibt es eine Auferstehung von den Toten; für Deutschland Sühne und Wiederauferstehung, wenn es Gott gefällt, die Nation durch Menschen zu führen, die von seinem Geiste beseelt sind.« ■

Robert Bosch 1861* 1942†

Robert Bosch – Er schuf ein Weltunternehmen und brachte das Automobil auf Touren. 1906 führte er als Erster den Achtstundentag ein. Im Dritten Reich half er Juden bei der Auswanderung und unterstützte den Widerstand gegen Hitler.

Noch als vielfacher Millionär bückte er sich, hob eine Büroklammer auf und beschimpfte einen Angestellten: »Was dappsch du auf meim Geld rum, des han i ja gezahlt.« Ebenso legendär wie die Sparsamkeit war auch der Unternehmergeist des schwäbischen Selfmademan. Mit 25 Jahren wagte er den Sprung in die Selbständigkeit und eröffnete im November 1886 in Stuttgart mit 10 000 Mark Startkapital, einem Gesellen und einem Lehrling eine Werkstätte für Feinmechanik und Elektrotechnik. Lange Jahre blieb es »ein böses Gewürge«, wie Bosch sich später erinnerte. Der Durchbruch kam erst ab 1897 mit einer »zündenden« Idee für die in den Kinderschuhen steckende Automobilindustrie. Boschs Konstrukteure entwickelten hoch präzise Magnetzünder, die die revolutionären Explosionsmotoren mit Benzinantrieb – entwickelt von Gottlieb Daimler, der in der Nachbarschaft wohnte – erst richtig auf Touren brachten. Bald bestellten alle größeren Automobilfirmen die Zünder aus Stuttgart. Es war der Beginn des Aufstiegs der Robert Bosch GmbH zum heute ältesten und weltweit größten Kraftfahrzeugausstatter. Ein enormer Erfolg für Bosch, der sich eigentlich viel lieber mit Zoologie oder Botanik beschäftigt hätte. Doch als sein Vater ihn eher beiläufig fragte, ob er Feinmechaniker werden wolle, sagte der junge Robert einfach Ja. Sein Beispiel zeige, so der erfolgreiche Unternehmer später, dass es gar nicht so schlimm sei, »wenn man ohne Liebe eine Branche ergreift«. Und der blieb er auch mit unermüdlicher Zähigkeit und Konsequenz treu.

1886 Eröffnung einer Werkstätte für Feinmechanik und Elektrotechnik
1897 Einbau des ersten Bosch-Magnetzünders in ein Kraftfahrzeug
1906 Einführung des 8-Stunden-Tages in seiner Firma
1916 Bosch stiftet 13 Millionen Mark für den Bau des Neckarkanals
1936 Stiftung eines Krankenhaus in Stuttgart
1937 Einstellung Carl Goerdelers als Berater

Er selbst war kein Erfinder, wie er oft genug betonte. Seine größere Begabung lag darin, begabte und fantasiereiche Mitarbeiter um sich zu scharen, gute Ideen zu erkennen und sie auf dem Markt umzusetzen. So sparsam er im Allgemeinen war, gegenüber seinen Angestellten war er großzügig. Aus freien Stücken erfüllte der Firmenpatriarch viele soziale Forderungen seiner Zeit, um die anderswo erbittert gerungen wurde. »Der rote Bosch«, wie er in Unternehmerkreisen bespöttelt wurde, führte 1906 als Erster den Achtstundentag ein, 1910 folgte der freie Samstagnachmittag. Und er sorgte für gute Gehälter. »Ich zahle nicht gute Löhne, weil ich viel Geld habe, sondern ich habe viel Geld, weil ich gute Löhne zahle«, hielt der »qualitätssüchtige« Unternehmer seinen Kritikern entgegen. Er widerlegte das Klischee vom selbstsüchtigen Kapitalisten, indem er viele Millionen für öffentliche Zwecke und humanitäre Einrichtungen spendete. 1936, zum 50-jährigen Firmenjubiläum, stiftete er der Stadt Stuttgart ein neues Krankenhaus.

Der Machtergreifung Hitlers im Januar 1933 stand Bosch erst kritisch, später ablehnend gegenüber. Der liberale Unternehmer, der in die ganze Welt exportierte, konnte dem großdeutschen Autarkiestreben des »Führers« ebenso wenig abgewinnen wie dem bald deutlich werdenden Kriegskurs und der antijüdischen Hetze der Nazis. Ohne seinen Widerstand offen zu zeigen, ging Bosch auf Gegenkurs. Mit seinem Geld half er bedrängten Juden bei der Auswanderung. Viele Gegner des Regimes fanden bei der Firma Bosch Lohn und Brot, darunter auch der ehemalige Leipziger Oberbürgermeister Carl Goerdeler, einer der Köpfe des Widerstands gegen Adolf Hitler. Robert Bosch machte ihn zu seinem Berater in Finanzfragen und zu seinem Vertreter bei den Berliner Behörden. Damit gab er Goerdeler eine legale Plattform und Tarnung für seine konspirative Reisetätigkeit. Bosch und seine Mitarbeiter wurden Teil des oppositionellen Netzwerks, das im Umsturzversuch des 20. Juli 1944 kulminierte. Das Scheitern des Widerstands hat Robert Bosch nicht mehr erlebt. Am 12. März 1942 starb er mit 81 Jahren in Stuttgart. ■

»Immer soll nach Verbesserung des bestehenden Zustands gestrebt werden, keiner soll mit dem Erreichten sich zufrieden geben, sondern stets danach trachten, seine Sache besser zu machen.« Bosch

Willy Brandt 1913* 1992†

Willy Brandt – Er war der erste sozialdemokratische Kanzler nach 1945. Seine Friedens- und Ostpolitik söhnte die Bundesrepublik mit ihren östlichen Nachbarn aus und machte ihn zu einem der herausragendsten Politiker Deutschlands.

Willy Brandt wurde zum Symbol einer Epoche des Aufbruchs. Kein Pragmatiker – ein Visionär, dessen Kanzlerschaft vor allem als die Zeit der großen Bilder in Erinnerung bleibt. Manchmal genügte eine einfache Geste. An einem grauen Dezembermorgen 1970 fiel er am Denkmal für die Opfer des Warschauer Gettos auf die Knie und leistete Abbitte für deutsche Verbrechen: »Unter der Last der jüngsten Geschichte tat ich, was Menschen tun, wenn Worte versagen; so gedachte ich der Millionen Ermordeter.« Es war mehr als die spontane Geste des als Karl Frahm geborenen Mannes aus kleinen Verhältnissen, der von 1933 bis 1947 im norwegischen Exil gelebt hatte. Es war der ergreifende Ausdruck des Versöhnungswillens eines deutschen Kanzlers, der nach dem Krieg die Schuld seines Volkes auf sich nahm. Ein Beobachter später: »Dann kniete er, der das nicht nötig hat, für alle, die das nötig haben, aber nicht knien.« Die Welt verstand seine Geste, in Deutschland wurde sie kontrovers diskutiert. Nur 41 Prozent hielten sie für angemessen. Brandt wurde als »vaterlandsloser Geselle« beschimpft – ein Vorwurf, der die Karriere des Sozialdemokraten begleitete, seit er 1957 zum Regierenden Bürgermeister von Berlin gewählt worden war. Doch er ließ sich nicht beirren. Im Umfeld des Berlin-Ultimatums und des Mauerbaus 1961 kämpfte er gegen die sowjetische Repression und für die Freiheit Westberlins. In den frühen Sechzigern wuchs die Popularität des »deutschen Kennedy« beständig. Seine Tatkraft steckte an, seine Visionen rissen mit. Zwar duldete er 1961 Anschläge von Westdeutschen auf die soeben errichtete Berliner Mauer, doch als DDR-

1933–1947	**Exil in Norwegen**
1957–1966	**Regierender Bürgermeister von Berlin**
1966–1969	**Außenminister**
1969–1974	**Bundeskanzler**
1971	**Friedensnobelpreis**
1976–1992	**Präsident der Sozialistischen Internationale**

Grenzer die ersten Flüchtenden erschossen, erkannte er, dass nur eine »Politik der kleinen Schritte« den Menschen im Osten helfen würde. Für seine Entspannungspolitik zwischen Ost und West bekam er international große Anerkennung, 1971 sogar den Friedensnobelpreis.

Brandt fühlte sich, schrieb er später, »links und frei«. Seine Kanzlerschaft begann er 1969 mit dem Versprechen, er wolle »mehr Demokratie wagen«. Die Devise seiner Ostpolitik hatte sein Vordenker Egon Bahr formuliert: »Wandel durch Annäherung« – vom DDR-Regime als »Aggression auf Filzlatschen« verlacht –, war kein Slogan, sondern Programm. Dem Warschauer Vertrag folgten das Viermächteabkommen und der Grundlagenvertrag. 1972 stimmte die Mehrheit der Deutschen seiner Ostpolitik zu. Außenpolitik war sein Metier, innenpolitisch dagegen geriet Brandt zunehmend unter Druck. Ein Jahr vor seinem Rücktritt, 1973, kam die erste Wirtschaftskrise, Brandt war überfordert. Auf Ölkrise, Streiks, Inflation, steigende Arbeitslosigkeit und Terrorismus hatte er keine überzeugenden Antworten. Zum Verhängnis wurde ihm schließlich 1974 die Guillaume-Affäre: ein Stasi-Spion als Kanzlervertrauter! Im Zuge der Ermittlungen gelangten auch Details über das Privatleben des Kanzlers an die Öffentlichkeit. »Ich bin kein Säulenheiliger«, sagte er. Er schätzte einen guten Tropfen und mochte die Frauen. Doch erpressbar wollte er nicht sein. Brandt trat zurück, müde und enttäuscht, nach nicht einmal fünf Jahren im Amt.

»Demokratie ist keine Frage der Zweckmäßigkeit, sondern der Sittlichkeit.« BRANDT

Bei keinem Kanzler lagen Triumph und Niederlage so nah beieinander wie bei ihm. »Wir sind nicht zu Helden geboren«, bekannte er einmal – Brandt war ein Held mit Schwächen. Auch wenn er sein Amt verlor, die Wertschätzung der meisten Deutschen blieb ihm. Souverän wie er war, konnte er es sich leisten, mitunter anderer Meinung zu sein als seine Partei. Brandt wusste, dass der Wille zur Freiheit auf Dauer stärker sein würde als jede Diktatur – der Fall der Mauer 1989 bestätigte dies eindrucksvoll. »Jetzt wächst zusammen, was zusammengehört«, sagte Brandt. »In Ihrer Person haben Sie die Spannung zwischen Macht und Moral aufgelöst«, erklärte Richard von Weizsäcker an Willy Brandts 75. Geburtstag. Seine Nachfolger müssen sich daran messen lassen. ■

Wernher von Braun 1912* 1977†

Wernher von Braun – Er gilt als »Kolumbus des Weltalls«, als »wichtigster Raketenforscher des vergangenen Jahrhunderts« und als »Vater des Mondfluges von 1969«.

Wer der »Mondsucht« verfällt, ist nicht mehr Herr seines Willens, lautet eine alte Weisheit. Wernher von Braun hatte schon als Jugendlicher großes Interesse an explosiven Stoffen und Feuerwerkskörpern, träumte von Flügen zum Mond und zum Mars. Mit sechzehn wurde er Mitglied im »Verein für Raumschifffahrt« und lernte dort Hermann Oberth kennen, den legendären Pionier der Raketentechnik, dessen Assistent er 1930 wurde. Nach dem Studium an der Technischen Hochschule in Berlin testete der junge Ingenieur im brandenburgischen Kummersdorf 1932 Flüssigkeitsraketen. Für Hitlers Regime war der Wissenschaftler, dem technischer Fortschritt über alles ging, ein willkommener Volksgenosse. Seine Doktorarbeit über Flüssigkeitsraketen (1934) wurde als »geheime Kommandosache« eingestuft. Von Braun avancierte 1937 zum Leiter der neu gegründeten Heeresversuchsanstalt in Peenemünde. Von 1939 an standen ihm enorme Geld- und Materialressourcen zur Verfügung. Sein Traum blieb der Flug ins All, doch auf dem Weg dorthin paktierte er mit den Militärs. 1942 stieg der erste Prototyp der A4-Rakete auf (später »Vergeltungswaffe« V2), sie erreichte vierfache Schallgeschwindigkeit und war in der Lage, die Hauptstädte in Westeuropa zu erreichen. Am 8. September 1944 schlug eine von ihm entwickelte V2 in London ein. Daraufhin bemerkte er, die Rakete habe gut funktioniert, doch sei sie auf dem falschen Planeten gelandet. Von Braun bestritt die Verantwortung des Wissenschaftlers für militärische Entscheidungen des Regimes.

1932 **Erste Versuche mit Flüssigkeitsraketen**
1943 **Entwicklung der A4-Rakete (V2)**
1958 **Jupiter-C-Rakete bringt »Explorer 1« in die Umlaufbahn**
1960 **Start des Saturn-Raketen-Programms**
1969 **»Apollo 11«, der erste Mensch betritt den Mond**

Schon vor Kriegsende war dem Raketentechniker bewusst, dass er künftig andere Verbündete für seine Raketenträume brauchte. Im Frühjahr 1945 stellte er sich mit einigen Hundert Kollegen den Amerikanern.

Mit 126 ausgewählten Peenemündern samt verbliebenen V2-Raketen, Material und Plänen wurde er in die USA gebracht. Niemanden schien die Vergangenheit des Ingenieurs zu interessieren, sein Know-how umso mehr. 1953 fanden erste Tests der Trägerrakete »Redstone« in Cape Canaveral statt. Zwei Jahre später wurde Braun amerikanischer Staatsbürger. Dass die Sowjetunion mit dem »Sputnik« das Rennen um den ersten Start eines Satelliten gewann, empfand Braun wie die gesamte US-Nation als Schmach. Im Januar 1958 startete die von ihm entwickelte Jupiter-C-Rakete, sie brachte den ersten US-Satelliten »Explorer 1« in die Umlaufbahn. Mit der Gründung der »National Aeronautics and Space Administration« (NASA) wurde von Braun 1960 Direktor des »Marshall Space Flight Center« in Huntsville und damit zum entscheidenden Protagonisten des US-Raumfahrt- und Mondlandeprogramms.

Die Peenemünder entwickelten die Saturn V, die Trägerrakete für die Mondfahrer. 1969 betrat der erste Mensch den Boden des Erdtrabanten. Am 21. Juli um 3.40 Uhr MEZ öffnete sich die Luke der Mondlandefähre »Eagle«. Die Worte des Astronauten Neil Armstrong machten Geschichte: »Ein kleiner Schritt für einen Menschen, aber ein gewaltiger Sprung für die Menschheit.« Wernher von Braun zählte zu denen, die ihn ermöglichten. Es war der Höhepunkt seiner Karriere. Danach entwickelte der Ingenieur die weltweit erste Weltraumstation »Skylab«, doch Anfang der siebziger Jahre wurden die Mittel für die Weltraumfahrt vom US-Kongress drastisch gekürzt. 1975 begründete er das »National Space Institute«, das als private Organisation für die Raumfahrt wirbt. Nach seinem Tod warfen historische Studien düstere Schatten auf das Lebensbild des gefeierten Technikers. Man warf ihm vor, während des Krieges Elend und Tod Tausender KZ-Häftlinge in Kauf genommen zu haben, die in Zwangsarbeit die V2-Raketen produzieren mussten. Die Peenemünder Ingenieure beteuerten ihre Unschuld. Doch sie wussten offenbar genug, um zu wissen, dass sie nicht mehr wissen wollten. Dennoch bleibt Wernher von Braun für viele Zeitgenossen *die* Lichtgestalt der internationalen Raumfahrt. ■

»Dieselben Naturkräfte, die uns ermöglichen, zu den Sternen zu fliegen, versetzen uns auch in die Lage, unseren Stern zu vernichten.«

von Braun

Vicco von Bülow 1923*

■ **Vicco von Bülow – Nach kleinen Startschwierigkeiten wurde der feinsinnige Cartoonist, Schauspieler, Autor und Regisseur zu Deutschlands erfolgreichstem und bekanntestem Humoristen.**

Seine frühen Cartoons wurden als »beschämend scheußlich« verunglimpft. Der Zeichner gehöre »längst ins Irrenhaus«, und ein Abonnent fragte empört, warum »die Zeitung solch einen Idioten beschäftigt«. Zitate aus Leserbriefen, die Loriot in den fünfziger Jahren erhielt. Offenbar hatte der junge Künstler einen wunden Punkt getroffen. Seine Figuren mit den Knollennasen waren borniert, verklemmt, scheinheilig und kleinbürgerlich – Abbilder ihrer Zeit? Vermutlich stießen sie deshalb auf so vehementen Widerstand. Die ersten Aufträge hatte Loriot 1950 von der Illustrierten *Die Straße* erhalten, wenig später druckten *Stern* und *Quick* seine Bilder. Aufgrund der Reaktionen sah sich der damalige *Stern*-Chefredakteur Henri Nannen nach sieben Ausgaben gezwungen, die Loriot-Serie einzustellen, um sie bald über viele Jahre fortzusetzen. Die Knollennasen wurden zu Verkaufsschlagern.

1945 **Holzfäller in Markoldendorf**
1947–1949 **Studium der Malerei und Grafik in Hamburg**
1967 **Start der TV-Reihe »Cartoon«**
1971 **Geburtsjahr des Fernsehhundes Wum**
1988 **Spielfilm *Ödipussi***
2002 **Ehrenmitglied des Orchesters der Deutschen Oper, Berlin**

In Brandenburg an der Havel erblickte Bernhard-Viktor Christoph-Carl von Bülow am 12. November 1923 das Licht der Welt, als Sohn einer preußischen Offiziersfamilie: »Meine Vorfahren waren ansässig im Mecklenburgischen und vermutlich seriöse, fleißige Raubritter.« Der Großvater bewies als Chef der Leibkompanie von Wilhelm II. humoristisches Talent. Bei Tisch saß er dem Kaiser gegenüber, um ihn zu unterhalten. Vicco von Bülow folgte als Panzergrenadier der Familientradition. Selbstkritisch beantwortete er später die Frage, ob er ein guter Soldat gewesen sei: »Nicht gut genug, sonst hätte ich am 20. Juli 1944 zum Widerstand gehört. Aber für den schauerlichen Beitrag zur Weltgeschichte werde ich mich schämen bis an mein Lebensende.« Nach dem Krieg absolvierte er das Abitur und ein Kunststudium. Sein Pseudonym verdankt er dem Pirol, französisch Loriot. Der Singvogel ziert das Familienwappen, wohl weil sein Balzlaut wie ein »sanftes ›Bülow‹« klingt (*Brehms heimische Vögel*). Balzrituale griff auch Loriot später in seinen Sketchen auf: Mit Nudel im Gesicht gesteht der Spaghetti-Esser Hildegard seine Liebe – »Bitte, sagen Sie jetzt nichts.« Die wunderbaren Geschichten mit Evelyn Hamann und anderen, deren Autor, Regisseur und Darsteller Loriot ab 1976 war, gehören heute zu den Klassikern der Fernsehgeschichte. Die Szenen zeugen von präziser Beobachtungsgabe. Alltägliche Pannen und Peinlichkeiten analysiert er gnadenlos, aber nie verletzend. Loriot überspitzt, ohne die Realitätsnähe zu verlieren: »Die modische Hose trägt man jetzt kürzer.« Laut Verkäufer passt der viel zu kleine Anzug tadellos. Komik durch Kommunikationsstörungen: Hermann, der weder lesen noch spazieren gehen will («Ich möchte hier sitzen«), wird von seiner Frau um die Ruhe gebracht. Loriots Fazit: »Ich bin der Meinung, dass Mann und Frau nicht zusammenpassen.« Getrieben von seinem »Perfektionsfimmel« ließ er jede Szene im Schnitt 15-mal wiederholen: »Komik funktioniert nur bei perfektem Timing und exaktem Rhythmus.«

Bereits im Rentenalter drehte er die Kinofilme *Ödipussi* und *Papa ante portas*, widmete sich zunehmend auch seiner Passion für Musik, kürzte Wagners Mammut-Oper *Der Ring des Nibelungen* auf einen Abend und schrieb Texte zu Prokofieffs *Peter und der Wolf* und Saint-Saëns' *Der Karneval der Tiere*. Aus dem »Doktor humoris causa« (*Die Welt*) wurde 2001 ein Doktor honoris causa der Universität in Wuppertal – ohne dass die Tochter des verwirrten Lottogewinners dort mit dem Papst eine Herrenboutique eröffnet hat. Die Berliner Universität der Künste ernannte Loriot 2003 zum Honorarprofessor. Seine Werke sind »tragende Säulen unserer Kultur« (*Süddeutsche Zeitung*), ein Zitat vom »Gentleman des deutschen Humors« (*Hörzu*) hat fast jeder parat. »Die Ente bleibt draußen«, sagt Herr Müller-Lüdenscheidt zu Herrn Dr. Klöbner und zitiert in der Badewanne deutsche Tugenden: »Ehrlichkeit, Toleranz, Mut, Anstand, Hilfsbereitschaft …« – Vicco von Bülow erweiterte die Liste der Tugenden um den Humor. ■

»Wer glaubt, Humor bestehe darin, sich über andere lustig zu machen, hat den Humor nicht verstanden. Um komisch zu sein, muss man vor allem sich selbst zur Disposition stellen.«

VON BÜLOW

Campino 1962*

Campino – Er ist die Leitfigur des deutschen Punkrock. Mit den Toten Hosen gehört er zu den erfolgreichsten Musikern Deutschlands. Seit über zwanzig Jahren befindet er sich auf dem »Kreuzzug ins Glück«.

»Ich musste lernen, nüchtern auf einer Bühne zu stehen und zu singen. Anfangs kam ich mir regelrecht nackt vor.« Die neue Bühnenerfahrung machte der Sänger Campino, als er schon sechs Jahre Frontmann der Punkrockband Die Toten Hosen war. Wenn die Jungs aus Düsseldorf loslegten, hatten sie in der Regel etliches intus. Bei »Bommerlunder« und »Das Altbierlied« schmeckten auch harte Drogen. Erst der Kreislaufkollaps und der Stimmbänderanriss von Campino veränderte 1988 das Selbstverständnis der Band. »Der einzige Ausweg war die Vollbremsung«, sagt Campino, »dann fing ich an, die klaren Tage zu würdigen.« Mittlerweile tritt die Band stets nüchtern auf und ist beliebter denn je. Die letzten beiden Alben schossen von null auf eins, die Tournee 2002 war die meistbesuchte des Jahres in Deutschland. Aus den Krach machenden Überlebenden der Punkbewegung wurde eine der erfolgreichsten Rockgruppen der Nation. Mit einem Anführer, der seit über zwanzig Jahren Flagge zeigt: gegen Rechts, für Multikulti. Gegen Rassismus, für Joschka Fischer. Gegen Champions League und für Fortuna Düsseldorf. Wegen seiner vielen Kommentare zu Politik und Kultur ist Campino, laut *Frankfurter Rundschau*, »zu einer Art außerparlamentarischem Abgeordneten des Punk aufgestiegen«. Seine Bewunderer nennen ihn »Kultfigur der Pop-Intelligenzia« (*Rolling Stone*), seine Kritiker »Roberto Blanco des Bierdosen-Punk« (*taz*). Die Medien beschäftigen sich gern mit Campino. Er gilt als gesprächiger Gast, der einigen Charme versprüht. Der Entertainer mit dem schelmischen Lächeln, den seine Kumpels »Prediger« nennen, wurde von *Bunte* wie *Bild* zum zweiterotischsten Mann der Republik gewählt.

1982	**Erster Auftritt mit Die Toten Hosen**
1987	**Schlagerplatte mit dem Synonym Die Roten Rosen**
1988	**Kreislaufkollaps und Stimmbänderanriss**
1996	**Erster Nummer-1-Hit »Zehn kleine Jägermeister«**
1997	**1000. Konzert**

Andreas Frege wuchs in bürgerlich-konservativem Elternhaus auf. Mit zwölf fühlte er sich das erste Mal richtig alt, weil er zum zweiten Mal ein Schuljahr wiederholen musste. Früh war er Stammgast im legendären Düsseldorfer Ratinger Hof, in dem sich die erste Punkszene Deutschlands traf. »Einer war Dildo, der andere Granini. Ich war eben der Campino.« Aus mehreren Punkbands gründete der Revoluzzer 1982 Die Toten Hosen. Die ersten Jahre produzierte die Band nur Schulden und spielte für Benzingeld. Nebenjobs wie Plakate kleben finanzierten den Traum der Band, möglichst lange im Tourbus unterwegs zu sein. So manche Aktion half dem Bekanntheitsgrad: Sie nahmen den umstrittenen wahren Heino mit auf die Bühne, entweihten angeblich beim Musikvideodreh eine Kirche, begleiteten die Atomproteste in Wackersdorf und sangen mit dem Posträuber Ronald Biggs. Campino & Co hatten einen festen Platz in der Populärkultur eingenommen. »Wir wollten die linke Alternative für Proleten sein, im guten Sinne.« Musikalisch gelang der Durchbruch mit »Hier kommt Alex«. Den ersten Nummer-1-Hit landeten sie wieder mit einem Mitgröllied. »Zehn kleine Jägermeister« brachte hohe Verkaufszahlen, aber auch den Kommerzvorwurf.

Das 1000. Konzert sollte das größte Fest in der Bandgeschichte werden. Im heimischen Rheinstadion jubelten 60 000 Fans, doch die Party endete in einer Tragödie. Eine junge Frau wurde kurz nach Beginn der Show tot aus dem Gedränge gezogen – ein Schock für die Jubiläumsrocker. »Wir wollten zunächst aufhören und brauchten lange, um mit der Katastrophe klarzukommen. Seither sehe ich vieles anders. Ruhm und Ehre sind mir nicht mehr wichtig«, so Campino zur wohl schwierigsten Zeit seiner Karriere. Mittlerweile haben Die Toten Hosen ihr 16. Album veröffentlicht und in Deutschland über zehn Millionen Alben verkauft. Sie besitzen eine Plattenfirma, einen Musikverlag und ein Tourunternehmen. Trotzdem lebt Campino in einer Zweizimmerwohnung, fährt einen Kleinwagen und bereut nicht viel, außer dass er früher gern seinen Kopf in die Lautsprecherboxen gehalten hat – seitdem machen hohe Frequenzen dem Berufsjugendlichen zu schaffen. ■

»Ich bin ein Charmeur. Das ist das Einzige, was mir in die Wiege gelegt worden ist. Und ich kann euch sagen, man kommt verdammt weit damit!« Campino

Marlene Dietrich 1901* 1992†

Marion Gräfin Dönhoff 1909* 2002†

■ **Marion Gräfin Dönhoff – Sie verlor ihre Heimat und stellte doch ihr ganzes Leben in den Dienst der Versöhnung. Als Herausgeberin der *Zeit* und als Autorin war sie die publizistische Wegbereiterin des deutsch-polnischen Ausgleichs, eine einzigartige Frau von preußischem Adel und europäischer Gesinnung.**

Es war der letzte Ritt der leidenschaftlichen Reiterin, damals Ende Januar 1945. Sieben Wochen lang war die 35-jährige Marion Gräfin Dönhoff auf ihrem Pferd Alarich unterwegs vom Familiensitz Friedrichstein bis nach Westfalen. Sie sah ihr geliebtes Ostpreußen sterben, Leichen links und rechts des Weges liegen. Nach der Flucht bestieg sie nie wieder ein Pferd. Die promovierte Volkswirtin, die nach Kriegsbeginn die Leitung des großen Familiensitzes übernommen hatte, verließ ihre Heimat in letzter Minute. Dass sie die Strapazen überlebte, grenzt an ein Wunder – für sie war es nicht mehr als ein Zufall, wie so vieles in ihrem Leben. Denn einen Plan, wie ihr Leben aussehen sollte, habe sie nie gehabt, sagte Dönhoff. Untypisch für eine Preußin. Doch gerade in diesem Untypischen lag vielleicht das Geheimnis einer der außergewöhnlichsten Persönlichkeiten der deutschen Nachkriegsgeschichte.

1932 Beginn des Studiums, Ablehnung Hitlers
1935 Reisen durch Europa, Afrika und die USA
1940–1945 Beteiligung am Widerstand gegen das NS-Regime
1945 Siebenwöchige Flucht aus Ostpreußen
1946 Beginn der Arbeit für *Die Zeit*
1964 Engagement für eine neue Ostpolitik
1971 Friedenspreis des Deutschen Buchhandels
1972 Herausgeberin der *Zeit*

Die Tochter aus altem preußischem Adel beschritt schon früh ungewöhnliche Wege; als einziges Mädchen ihres Jahrgangs – und als erste Frau ihrer Familie – machte sie das Abitur. Während ihres Studiums in Frankfurt nahm sie mit kommunistischen Studenten an Protestaktionen teil, wollte gar über den Marxismus promovieren. Die »rote Gräfin« mit einer Vorliebe für schnelle Autos und Motorräder bereiste Europa, die USA und Afrika. Nach Kriegsbeginn engagierte sie sich als Kurier und Verbindungsfrau in der Widerstandsbewegung um Claus Schenk Graf von Stauffenberg. Der Kampf gegen Hitlers Regime gipfelte im Attentat des 20. Juli 1944. Es scheiterte, ihre Freunde wurden

hingerichtet. Marion Gräfin Dönhoff wurde tagelang von der Gestapo verhört, am Ende aber freigelassen. Doch »nichts konnte schlimmer sein, als alle Freunde zu verlieren und allein übrig zu sein«. Für sie war ihre Heimat damit schon vor der Flucht verloren. Nach Kriegsende wollte sie am Aufbau eines »anständigen Deutschland« mitwirken. Die Chance dazu erhielt sie 1946, als den Gründern der Zeitung *Die Zeit* Dönhoffs an die britische Besatzung gerichtetes Memorandum zur Deutschlandpolitik in die Hände fiel. Erst als Redakteurin, dann als Ressortleiterin für Politik, schließlich als Herausgeberin begleitete sie kritisch die Republik. Ihre Intelligenz, politische Schärfe und Offenheit machten sie schnell zur herausragenden unbestechlichen moralischen Instanz. Sie schrieb gegen das Vergessen, aber auch gegen das Nachtragen, trat für die Versöhnung mit Osteuropa ein, war Brückenbauerin zwischen deutscher Vergangenheit und europäischer Zukunft. Adenauers Deutschlandpolitik war für sie »Heuchelei«, der Verzicht auf die Ostgebiete war ihr der einzige Friedensgarant. Sie war publizistische Vorkämpferin der Ostpolitik Willy Brandts, doch 1970 in Warschau bei der Vertragsunterzeichnung dabei zu sein, wie der Kanzler es wünschte, war selbst für sie zu viel: »Ich hatte das Gefühl: Das halte ich nicht aus!«

»Glücklichsein ist eine Frage der Disziplin.«
Dönhoff

»Wie ein reißender Strom rast die Geschichte an uns vorüber, wir stehen ratlos am Ufer und fragen, wo er uns wohl hinträgt«, hat sie einst geschrieben. Am Ende ihres Lebens galt sie als »Mahnerin gegen das Maßlose«, als Verfechterin von Verantwortung und Gemeinschaftsgefühl. Sie kritisierte den übermächtigen, seelenlosen Materialismus und forderte die Zivilisierung des Kapitalismus. In einem ihrer letzten Interviews sagte sie: »Je größer die Verführungen sind, nur Geld und Karriere zu machen, alles andere sein zu lassen, desto armseliger wird die Welt. Aber eines Tages werden die Leute sagen: So, nun wollen wir das Gegenteil.« Mit ihrem Tod verlor die Bundesrepublik einen großartigen Menschen, der immer offen war, der couragiert gegen Demagogie, Dogmatik und Ideologie kämpfte und »einen Lebensweg beschritt, für den es nicht Vorgänger noch Nachfolger gab«, so Richard von Weizsäcker über die Grande Dame des deutschen Journalismus. ■

Konrad Duden 1829* 1911†

Konrad Duden – Sein orthografisches Wörterbuch zur Vereinheitlichung der Schreibweisen machte ihn zum »Vater der deutschen Rechtschreibung«.

»Möwe« oder »Möve« – die Schreibweise hing im 19. Jahrhundert vom Wohnort ab. Bayerische Schüler schrieben den Vogel mit »v«, preußische Pennäler konnten nur mit einem »w« vermeiden, dass der Lehrer den Rotstift ansetzte. Die deutsche Schriftsprache war so unübersichtlich wie die politische Landkarte Deutschlands. Jede Institution, jeder deutsche Kleinstaat hatte seine eigene Orthografie. Unter den Sprachwissenschaftlern schwelte ein Streit um die rechte Schreibweise. Einige Wissenschaftler wollten die Orthografie an der etymologischen Wortbedeutung ausrichten. Konrad Duden orientierte sich jedoch an einem phonetischen Grundsatz: »Bringe deine Schrift und deine Aussprache in Übereinstimmung.« Ihn interessierte nicht der akademische Streit, sondern der lebendige Sprachgebrauch: »Die Schrift ist nicht für die Gelehrten, sondern für das ganze Volk da«, lautete seine Maxime. Dass es ein Lehrer war, der wesentlich zur Vereinheitlichung der deutschen Schriftsprache beitrug, kann nicht überraschen.

1859 **Beginn der Lehrtätigkeit an einem Soester Gymnasium**
1861 **Heirat mit Adeline Jakob**
1872 **Erste Regeln zur einheitlichen Rechtschreibung**
1880 **Der erste »Duden« erscheint**
1902 **Dudens Regeln gelten für ganz Deutschland**

Der am 3. Januar 1829 in Lackhausen bei Wesel als Sohn eines Eisenbahnbeamten geborene Konrad Duden studierte in Bonn klassische Philologie, Germanistik und Geschichte. Aus Geldmangel unterbrach er das Studium und verdingte sich als Hauslehrer in Frankfurt am Main. Als er 1854 seine Lehramtsprüfung ablegte, bewertete die Prüfungskommission die Leistung nur als »im ganzen befriedigend« und riet ihm, seine Grammatikkenntnisse zu verbessern, »damit durch seine ästhetische Auffassung der streng grammatische Gesichtspunkt nicht beeinträchtigt« werde. Das an die Promotion anschließende Referendariat brach er ab. Es zog ihn – erneut als Hauslehrer – nach Genua. In

Messina lernte er Adeline Jakob, die Tochter des deutschen Konsuls, kennen. Nachdem der leidenschaftliche Pädagoge 1859 wieder nach Deutschland zurückgekehrt war, machte er schnell Karriere: Zunächst lehrte er an einem Soester Gymnasium, dessen Prorektor er dann wurde, ging 1869 als Gymnasialdirektor ins thüringische Schleiz und leitete von 1876 bis 1905 das Gymnasium in Bad Hersfeld. Längst hatte Duden sein Thema gefunden.

> »Schreibe, wie du sprichst.« DUDEN

1872 veröffentlichte er unter dem sperrigen Titel *Die deutsche Rechtschreibung. Abhandlungen, Regeln und Wörterverzeichnis mit etymologischen Angaben* seine erste Aufstellung einheitlicher Schreibweisen. Der Zeitpunkt war kein Zufall. Ein Jahr zuvor war die Reichsgründung erfolgt. Ergänzend zur politischen Einigung strebte Duden nach einheitlicher Schreibweise. Sein zweites großes Ziel war deren Vereinfachung. So einfach das Ziel, so schwierig der Weg. 1876 scheiterte die erste Konferenz zur »Herstellung einer größeren Einigung in der deutschen Rechtschreibung«. Es war Reichskanzler Bismarck, der entscheidenden Widerstand leistete. »Bei gesteigerter Ordnungsstrafe« verbot er die Anwendung der Regeln für die preußischen Behörden. Doch Duden blieb hartnäckig. Da eine Vereinheitlichung ohne Preußen nicht möglich war, legte er seinem 1880 erschienenen Hauptwerk die preußische Schulorthografie zugrunde. *Das Vollständige orthographische Wörterbuch der deutschen Sprache*, der »Ur-Duden«, wurde 1901 zur allgemein akzeptierten Grundlage der zweiten Rechtschreibkonferenz. 1902 erklärten alle deutschen Bundesstaaten die *Regeln für die deutsche Rechtschreibung nebst Wörterverzeichnis* für verbindlich. Auch Österreich-Ungarn und die Schweiz schlossen sich an. Doch die neue Orthografie war kein wissenschaftliches Regelwerk. Duden hatte gesammelt und sortiert. Es wimmelte in seinem Wörterbuch von Kompromissen und Fehlern. »Nur ein Zwischenziel ist erreicht«, bekannte Duden im Vorwort zur siebten Auflage, an der Beseitigung der Mängel arbeitete er bis zu seinem Tod am 1. August 1911. Von rund 27 000 Wörtern wuchs der Ur-Duden in 20 Jahren auf das Doppelte. Heute sind es auf 900 Seiten rund 115 000 Stichwörter. Und seit der neunten Auflage von 1905 trägt das Standardwerk für korrekte Schreibweisen den Namen seines Autors: Duden. ■

Albrecht Dürer 1471* 1528†

Albrecht Dürer – Sein Können machte den weit gereisten Maler als einzigen deutschen Künstler des Mittelalters über die Grenzen seines Landes hinaus bekannt und beeindruckte sogar die italienischen Renaissance-Meister.

Berühmtheit kann zuweilen lästig sein, manchmal sogar lebensgefährlich. »Ich habe ein solch Gedränge hier, dass ich mich zuweilen verbergen muss«, klagte Albrecht Dürer in einem Brief aus Venedig. Der Maler aus Nürnberg war eingeladen worden, in der Lagunenstadt zu arbeiten und seine Werke zu präsentieren. Der Besuch des gefeierten Stars der damaligen Kunstszene stieß allerdings nicht überall auf Gegenliebe. Italienische Freunde warnten ihn, dass er »mit ihren Malern ja nicht esse oder trinke«. Zu groß sei die Gefahr eines Giftanschlags. Die heimischen Künstler wollten den Konkurrenten ausschalten, prozessierten gegen ihn, weil er als Ausländer in Venedig unerlaubt seiner Kunst nachginge. Dürer musste sich damals aber nicht nur gegen Anfeindungen wehren: »Auch sind mir ihrer viele Feind und machen mein Ding ab«, wetterte er gegen die zahllosen Raubkopien seiner Drucke – eine Entwicklung, an der Dürer nicht ganz unschuldig war. Da seine Gemälde, Aquarelle und Holzschnitte ganz Europa begeisterten, hatte der geschäftstüchtige Maler eine Druckmaschine angeschafft, um die Nachfrage zu befriedigen. Im Zuge dessen gelangten auch Fälschungen und unerlaubte Nachdrucke auf den Markt, die Dürer mit den wohl ersten Urheberrechtsklagen überhaupt eindämmen wollte.

1486 **Beginn der Malerlehre**
1494 **Heirat mit der Nürnberger Patriziertochter Agnes Frey**
1495 **Jeder dritte Nürnberger stirbt an der Pest; Dürer reist nach Venedig**
1502 **Aquarell *Ein junger Feldhase***
1508 **Abschluss der *Betenden Hände***
1509 **Dürer wird Mitglied des »Großen Rates« von Nürnberg**
1513–1514 **Die Meisterstiche *Ritter, Tod und Teufel* sowie *Melancholie* entstehen**

Was aber machte ihn nun im 15. Jahrhundert zum einzigen deutschen Künstler von internationalem Rang? Da war zum einen seine wissenschaftliche Akribie, was Perspektive und Proportionen anbelangte. Da war zum anderen seine Detailverliebtheit und der Realismus seiner

Gemälde: Pflanzen- und Tierstudien waren absolut naturgetreu, seine Figuren trugen stets die neueste Mode. Dürer vereinte meisterliches Handwerk mit künstlerischer Freiheit, schlug eine Brücke vom Mittelalter zur Neuzeit und setzte auf einzigartige Weise religiöse und weltliche Themen zueinander in Beziehung. Auch gab er als Erster der Kunst ein Gesicht und einen Namen: Durch ihn wurde die Porträtmalerei zu einer eigenständigen Kunstrichtung – zwei seiner bekanntesten Bildnisse zierten einst 5- und 20-DM-Schein – und die konsequente Kennzeichnung jedes seiner Holzschnitte mit einem Kürzel ließ ihn zu einem der wohlhabendsten Bürger Nürnbergs werden. Als erster Künstler veröffentlichte Dürer auch kunsttheoretische Werke. Seine Bücher über darstellende Geometrie sollen, Zeitzeugenberichten zufolge, sogar Wissenschaftler wie Galilei und Kepler inspiriert haben. Doch was seine Zeitgenossen wohl am meisten beeindruckte, war, dass er als Stimme seiner Zeit der damaligen Endzeitstimmung künstlerisch Ausdruck verlieh: Der verweltlichte Vatikan und Luthers Lehren drohten die Christenheit zu spalten. Die Türken griffen das Abendland an. Bauernaufstände stellten das Feudalsystem in Frage. Die Pest wütete. Kolumbus entdeckte Amerika. Das alte Weltbild zerbrach. In dieser Zeit entstand mit *Die vier apokalyptischen Reiter*, die Pest, Hunger, Krieg und Tod darstellen, ein Hauptwerk Albrecht Dürers. Es schien wie eine Ahnung kommender Zeiten.

»Ich mag nicht in den Himmel, wenn es dort keine Weiber gibt. Was soll ich mit bloßen Flügelköpfchen?« Dürer

Dürer selbst sah sich nicht als Welterklärer, eher als Kopist Gottes. Er wollte, dass sich die Menschen mittels seiner perfekten Kunst ein eigenes Bild von der Schöpfung machten. Antworten auf die zentralen Fragen »Wo ist Gott?« und »Was ist der Mensch?« fand Dürer in der Natur. Für viele seiner Zeitgenossen war sie des Teufels, für ihn war sie göttlich. Denn wer »naturgetreu« abbilde, der offenbare den Menschen ein göttliches Prinzip: Ebenmaß, Geometrie und natürliche Schönheit. Und die geniale Umsetzung dieses göttlichen Prinzips, das herausragendste Merkmal seines Schaffens, sollte man in seinen Bildern erkennen: »Denn der alleredelste Sinn des Menschen ist das Sehen. Darum ist uns ein jegliches Ding, das da gesehen wird, glaubhafter und beständiger als die Dinge, die wir hören.« ■

Rudi Dutschke 1940* 1979†

Albert Einstein 1879* 1955†

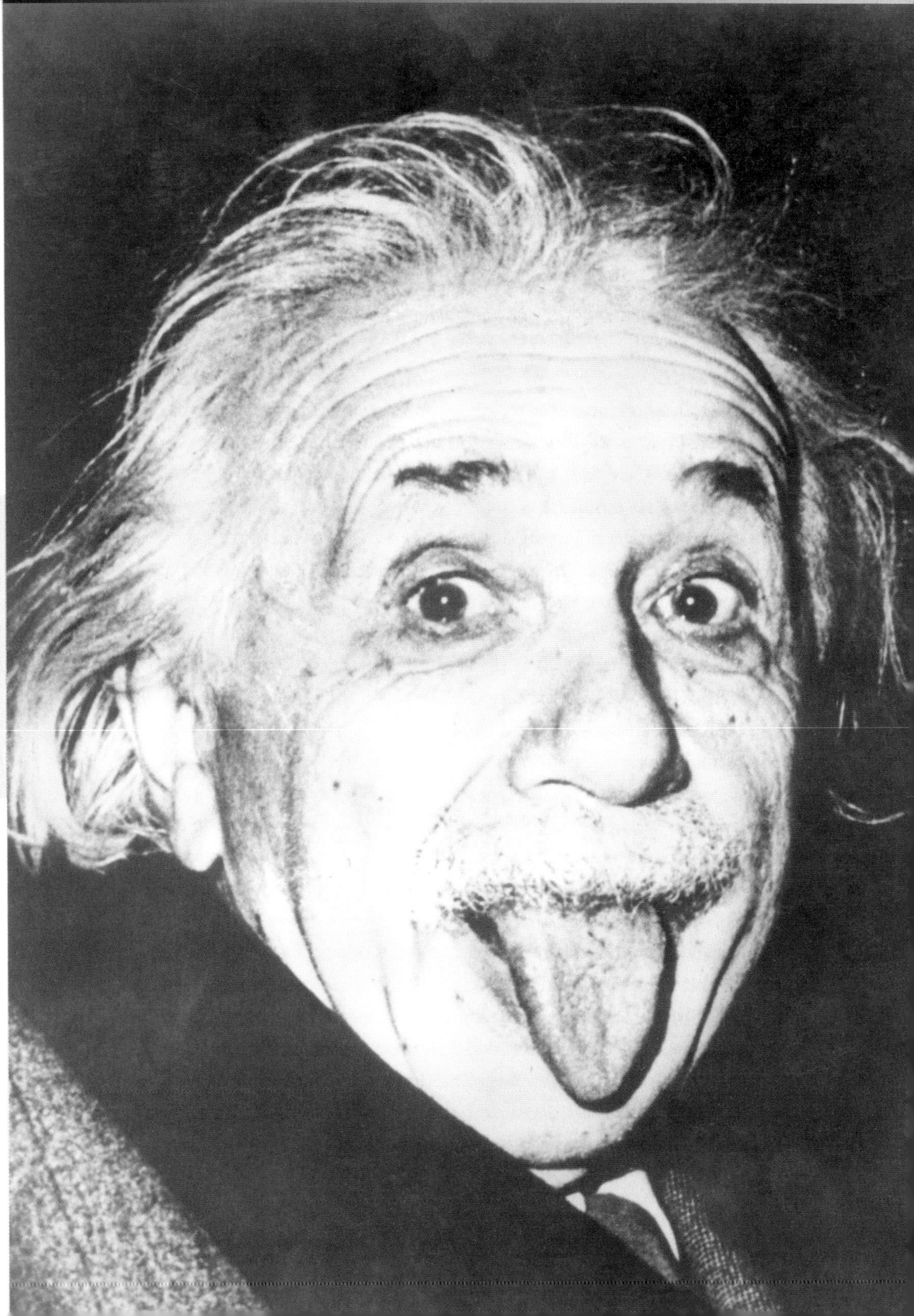

Albert Einstein – Er war der bedeutendste Physiker des 20. Jahrhunderts. Mit der bahnbrechenden Entwicklung der Relativitätstheorie und seinen Beiträgen zur Quantentheorie begründete er ein neues physikalisches Weltbild.

Einstein war alles, nur kein Wunderkind: »Ich habe mich derart langsam entwickelt, dass ich erst als Erwachsener anfing, mich über Raum und Zeit zu wundern. Naturgemäß bin ich tiefer in die Problematik eingedrungen als die normal veranlagten Kinder.« Das Ergebnis: $E = mc^2$, Energie gleich Masse mal Lichtgeschwindigkeit im Quadrat – die Relativitätstheorie. Doch der Reihe nach: 1905 verfasste Einstein, damals Angestellter des Schweizer Patentamts in Bern, drei Artikel für die Zeitschrift *Annalen der Wissenschaft*, die von zentraler Bedeutung wurden. Im ersten bewies er die Existenz von Molekülen; der zweite drehte sich um die Quantentheorie (für die erhielt Einstein 1921 den Nobelpreis) und im dritten entwickelte er die spezielle Relativitätstheorie. Mit seiner Erkenntnis, dass Lichtgeschwindigkeit unabhängig vom Bezugssystem immer ein konstanter Wert ist, revolutionierte er alle Vorstellungen von Raum und Zeit. Der Physiker Louis Broglie verglich die Aufsätze mit »fauchenden Raketen, die im Dunkel der Nacht für einen kurzen Augenblick eine völlig unbekannte riesige Region beleuchteten«. In der allgemeinen Relativitätstheorie erklärte Einstein wenige Jahre später die Gravitation als Krümmung von Raum und Zeit. Damit war es möglich, die Umlaufbahnen der Planeten zu berechnen. Als es ihm, inzwischen Direktor des Kaiser-Wilhelm-Instituts für Physik in Berlin, 1919 gelang, mithilfe der Relativitätstheorie eine Sonnenfinsternis exakt vorauszusagen, widerlegte er nicht nur Newton, sondern wurde über Nacht berühmt. Weltweit folgten Ehrungen und Preise.

1896 **Studium in der Schweiz**
1905–1915 **Entwicklung der Relativitätstheorie**
1921 **Nobelpreis für Physik**
1933 **Emigration in die USA**
1939 **Engagement für die Atombombe**

Im Deutschland der frühen dreißiger Jahre löste Einstein nicht bei allen Begeisterung aus: Er galt als Liberaler und Pazifist – für die Nazis

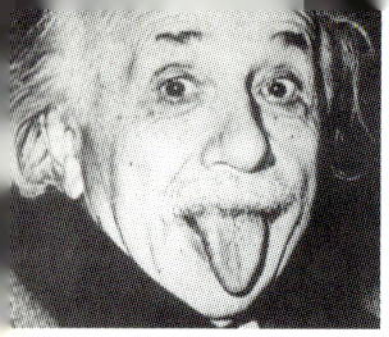

war zudem von besonderer Bedeutung, dass er Jude war. Antisemitische Angriffe und Hitlers Machtergreifung 1933 waren Grund genug für ihn, eine Stelle am »Institute for Advanced Study« in Princeton, New Jersey, anzunehmen und nie mehr nach Deutschland zurückzukehren. Die Nazis, die seine Theorien als entartet bezeichneten und seine Bücher verbrannten, nannte er spöttisch die »Anti-Relativitäts-GmbH«. Die Amerikaner betrachteten ihn allerdings kritisch: Weil er kein US-Patriot war, verdächtigte das FBI den Physiker, Kommunist zu sein, und observierte ihn bis zu seinem Tod. Und das, obwohl er sich durch seinen Hass auf die Nazis dazu verleiten ließ, 1939 einen folgenreichen Brief an den amerikanischen Präsidenten Franklin Delano Roosevelt zu unterschreiben, in dem zum Bau der Atombombe geraten wurde. Hiroshima und die Folgen ließen das Genie zur tragischen Gestalt werden – Albert Einstein litt zeit seines Lebens darunter, dass er seinen Pazifismus verraten hatte: »Doch die Wahrscheinlichkeit, dass die Deutschen (…) am selben Problem arbeiten dürften, hat mich zu diesem Schritt gezwungen.«

»Ich sorge mich nie um die Zukunft. Sie kommt früh genug.« Einstein

Nach dem Zweiten Weltkrieg setzte er sich für Abrüstung und eine Weltregierung ein, kämpfte bis zuletzt für Frieden und politische Freiheit. Kurz vor seinem Tod unterzeichnete er ein Manifest gegen Kernwaffen. Seine wissenschaftliche Arbeit in Princeton – die Entwicklung einer Weltformel, mit der alle Naturphänomene zu erklären sein würden – konnte er nicht mehr zu Ende führen. Anfang April 1955 wurde er mit einer erweiterten Halsschlagader ins Krankenhaus eingeliefert. Der Wissenschaftler lehnte jeden Eingriff ab. »Es ist geschmacklos, das Leben zu verlängern. Ich habe meinen Anteil getan, es ist Zeit zu gehen.« Was den Physiker Einstein zur Legende machte, sind seine Theorien, die einen ungeheuren technologischen Schub freisetzten. Was den Menschen zur Legende machte, ist die eigentümliche Mischung aus Genie und Schrulligkeit (Socken und Anzüge hielt er für Zeitverschwendung) sowie die Ablehnung jeder Autorität. Als letzten Ausdruck geistiger Größe unterwarf er sich aus freien Stücken »der wunderbaren Ordnung der Natur«, diesem absoluten »Werk der Vernunft«. ■

Elisabeth von Österreich 1837* 1898†

Kaiserin Elisabeth von Österreich – Die Liebe zu Franz Joseph I. führte die bayerische Prinzessin auf den Kaiserthron. Doch was wie ein Märchen begann, mündete in einen Kampf für ein selbstbestimmtes Leben.

Die *Sissi*-Filme aus den fünfziger Jahren machten Kaiserin Elisabeth, die sich selbst »Sisi« schrieb, berühmt – aber sie zeigten längst nicht alle Facetten dieser selbstbewussten, emanzipierten Frau, die in vielen Dingen ihrer Zeit weit voraus war. Elisabeth verbrachte eine unbeschwerte Kindheit, war eine ausgezeichnete Reiterin, eine begeisterte Bergsteigerin und hielt wie ihr Vater, Erzherzog Max in Bayern, nichts von höfischer Etikette und Konventionen. Dass ausgerechnet sie Kaiserin an einem Hof wurde, der für sein strenges Zeremoniell bekannt war, war in doppelter Hinsicht eine Ironie des Schicksals. Denn nach den Plänen ihrer Mutter Ludovika hätte Franz Joseph I. eigentlich Sisis ältere Schwester Helene heiraten sollen. Doch mit ihrem Charme und ihrer Schönheit eroberte Elisabeth, gerade 15-jährig, das Herz des Kaisers von Österreich und Königs von Ungarn im Sturm. Im April 1854 wurde das Paar mit großem Pomp in der Wiener Augustinerkirche getraut. Auch wenn es eine Liebesheirat war: Glücklich war die Kaiserin von da an nur noch selten.

1854 **Heirat mit Franz Joseph I. von Österreich**
1866 **Die Niederlage Österreichs gegen Preußen bei Königgrätz löst eine tiefe Staatskrise aus**
1867 **Österreichisch-ungarischer Ausgleich**
1889 **Thronfolger Rudolf nimmt sich das Leben**

Am Wiener Hof war Sisi der Diktatur ihrer Schwiegermutter Sophie ausgeliefert. Die »heimliche Kaiserin« wollte sie in das Korsett des höfischen Protokolls zwängen. Franz Joseph war selten in der Lage oder willens, gegen seine Mutter zu intervenieren. Der Hof lehnte Sisi wegen ihres fehlenden Standesbewusstseins und ihrer Wildheit ab, und als Landesmutter eines problembeladenen Riesenreiches war sie schlichtweg überfordert. Ob etwa ihre Rolle beim österreichisch-ungarischen Ausgleich 1867 tatsächlich so bedeutend war, wie es die *Sissi*-Filme darstellten, ist umstritten. Hinzu kam, dass Franz Josephs Affären die Ehe bald in eine Dauerkrise führten. Elisabeth, die nicht bereit war, sich der Fremdbestimmung zu beugen, wurde zur Rebellin auf dem Habsburger

Thron – und schließlich zur tragischen Legende. Während sie nach den ersten Flirts mit ihrem Franz noch geäußert hatte: »Ich hab ihn ja auch lieb, wenn er nur nicht der Kaiser wäre«, stellte sie in späteren Jahren fest: »Es wäre mir schlecht ergangen, wenn ich nicht Kaiserin geworden wäre.« Denn nur diese hohe soziale Stellung ermöglichte ihr, was sie selbst »Suche nach meinem Schicksal« nannte. Die adelige »Aussteigerin« entzog sich immer häufiger ihren Repräsentationspflichten, schob Krankheiten vor, um über Monate dem Hof entfliehen zu können, unternahm ausgedehnte Reisen und pflegte einen Körperkult, von dem der Kaiser sagte: »Das ist schon der höhere Rappel.« Mit ausgefeilten Fastenkuren (rohe Eier, kalte Milch, Saft von rohem Ochsenfleisch, kein Gemüse) und Sport trainierte sie ihre Figur, ließ sich sogar tätowieren und marterte ihre Hofdamen mit Gewaltmärschen und Segeltouren im Sturm. Unruhig suchte sie nach einem Lebenssinn. Sie schwärmte für die Antike, lernte Sprachen und schrieb düstere Gedichte mit rebellischen Zeilen: »Die Republik muss sein«, das Kaisertum sei »einer vergang'nen Pracht Skelett«. Für sie hatte das Reich keine Zukunft – für eine Kaiserin und Königin war das eine ungeheuerliche Einstellung.

> »Durch die ganze Welt will ich ziehen. Ich will zu Schiff die Meere durchkreuzen, ein weiblicher Fliegender Holländer.«
>
> ELISABETH VON ÖSTERREICH

Elisabeths exzentrischer Lebensstil und ihre freiheitlichen Ansichten waren nicht dazu angetan, sich Freunde am Hof zu schaffen. Sie vereinsamte zunehmend, vor allem nach dem Freitod ihres geliebten Sohnes Rudolf im Jahr 1889. Sisi zog sich immer mehr zurück, hasste es, angestarrt zu werden, und verbarg sich hinter Schleiern und Fächern. All das blieb der Öffentlichkeit weitgehend verborgen – die Nachwelt verklärte sie zur schönen Kaiserin. Schön war sie tatsächlich, doch eine Kaiserin, permanenten Zwängen unterworfen, wollte sie nie sein. So, wie Romy Schneider ein Leben lang versuchte, dem »Sissi«-Image zu entfliehen, wehrte sich die »echte« Elisabeth gegen ihre Rolle. 1898 wurde sie in Genf von einem italienischen Anarchisten mit einer Feile getötet. Ihr Vater hatte einst gesagt: »Wenn mir koane Prinzen waarn, waarma Kunstreiter worn.« Es wäre für Sisi wohl das bessere Leben gewesen. ■

gegen etwas unternehmen musste. Die Entschlossenheit, die der »kleine Mann« Georg Elser fortan an den Tag legte, ist unfassbar: Er wollte das Übel an der Wurzel packen, Hitler mit einer Bombe töten. »Miar kriagad in Deutschland koi besser Zeit mehr, hend koi bessere Zukunft, bevor dui Regierung net end Luft geschprengt ischd. Ond i sag's dir, i mach des no, i du's!«, eröffnete er einem Freund. Elser arbeitete in einer Rüstungsfabrik in Heidenheim; dort stahl er Zünder. Später schuftete er im Steinbruch, um an Sprengstoff zu kommen. Aus Uhrwerken bas-telte der Tüftler einen todsicheren Zeitzünder. Im August 1939 zog er nach München. Die alljährliche NS-Gedenkfeier am 8. November im Bürgerbräukeller hatte seine Aufmerksamkeit erregt – hier wollte er Hitlers Leben auslöschen. Über dreißig Nächte lang ließ er sich im Bürgerbräu heimlich einschließen, höhlte eine tragende Säule aus, platzierte dann am 6. November seine perfekt eingestellte Höllenmaschine. Am 8. November bestieg er einen Zug nach Konstanz. Von dort wollte er sich in die Schweiz absetzen. Als er sich zum Grenzzaun schlich, stellte ihn eine Zollstreife – noch bevor in München die Bombe explodierte. Erst allmählich dämmerte den Behörden, dass der unauffällige 36-Jährige mit der Tat in Zusammenhang stand; man fand bei ihm eine Postkarte des Bürgerbräukellers und Zünderteile. In den Folterkammern der Gestapo gestand er Tage später seine Tat und überzeugte die Beamten, dass er allein gehandelt hatte. Die NS-Propaganda verkündete unterdessen, er habe im Auftrag des britischen Geheimdienstes gestanden.

»Ich wollte ja durch meine Tat ein noch größeres Blutvergießen verhindern.« Elser

Die Tat eines »Mannes aus dem Volke« war der Erfolg versprechendste Versuch, das Verhängnis des Weltkriegs frühzeitig zu stoppen. Elsers politische Klarsicht war bewundernswert, sein Vorgehen war entschlossen, die Planung präzise. Doch der als Sonderling abqualifizierte Einzelgänger stand lange im Schatten der Attentäter des 20. Juli 1944. Elser verbrachte als »Sonderhäftling« fünf Jahre im KZ – nach dem »Endsieg« sollte er in einem Schauprozess abgeurteilt werden. Kurz vor Kriegsende kam der Befehl, Elser »unauffällig« zu »liquidieren«. Er starb am 9. April 1945 durch einen Genickschuss und wurde im Krematorium des Konzentrationslagers Dachau verbrannt. ■

Ludwig Erhard 1897* 1977†

Ludwig Erhard – Der erste Wirtschaftsminister der Bundesrepublik wurde als Vater des »Wirtschaftswunders« legendär. »Wohlstand für alle« war sein Ziel; als erfolgreicher Verfechter der Marktwirtschaft stabilisierte er die junge Demokratie.

Was Ludwig Erhard am Abend vor der Währungsreform öffentlich erklärte, geschah ohne das Wissen der alliierten Besatzer: Im Rundfunk kündigte er die Aufhebung der Preisbindungen an. Er wusste: Waren gab es, nur wollte sie kein Händler für festgesetzte Preise unters Volk bringen – schon gar nicht für wertlose Reichsmark. Die Währungsumstellung war ein Projekt der Amerikaner, doch die Freigabe der Preise – von Erhard, dem »Direktor der Verwaltung für Wirtschaft« in der britisch-amerikanischen Bi-Zone kurzerhand durchgesetzt – war der eigentliche Coup. Am Sonntag, dem 20. Juni 1948 erhielten die Menschen in Westdeutschland ihr neues Geld; am nächsten Tag bogen sich die Regale der Geschäfte unter den Waren, die die Händler lange zurückgehalten hatten. Mangel- und Zwangswirtschaft waren beendet, der Schwarzmarkthandel verschwand, es regierte der Markt. Für dieses Ziel hatte der Doktor der Nationalökonomie gearbeitet, seit er sich nach Kriegsende den Amerikanern als Wirtschaftsexperte zur Verfügung gestellt hatte. 1949, im ersten Bundestagswahlkampf, verhalf sein Erfolgskurs Adenauer zum Sieg. Ursprünglich der FDP zugetan – erst 1963 trat er der CDU bei –, wurde Erhard der erste Wirtschaftsminister der Bundesrepublik. Und die boomte: Hohe Produktivität, stabile Preise, sinkende Arbeitslosenzahlen, das »Wirtschaftswunder« war da. An Wunder glaubte Erhard allerdings nicht, eher an harte Arbeit. Die »soziale Marktwirtschaft« war für ihn gepaart mit der Verantwortung des Einzelnen: »Nichts ist unsozialer als der so genannte Wohlfahrtsstaat, der die menschliche Verantwortung erschlaffen und die individuelle Leistung absinken lässt«, warnte er.

1924 **Promotion als Nationalökonom**
1945/1946 **Bayerischer Staatsminister für Wirtschaft**
1948 **Direktor der Verwaltung für Wirtschaft in der Bi-Zone**
1949–1963 **Bundeswirtschaftsminister**
1963–1966 **Bundeskanzler**

»Wohlstand für alle« hieß eines seiner Bücher, und mit diesem Slogan gewann die CDU bei der Bundestagswahl 1957 die absolute Mehrheit. Erhard, 14 Jahre Wirtschaftsminister und von 1957 bis 1963 Vizekanzler, war beim Volk sensationell populär, nicht aber beim Kanzler. Konrad Adenauer, keineswegs amtsmüde, spürte, dass Erhard ihn beerben wollte. »Der Erhard kann dat nich«, urteilte Adenauer. Er hielt ihn für unpolitisch und unerfahren, vor allem in der Außenpolitik: Statt den Franzosen neigte der »Atlantiker« Erhard den Amerikanern zu, statt auf die europäische Integration setzte er auf die Schaffung eines globalen Wirtschaftsraums. Vier Jahre lang kämpfte Adenauer, schmiedete Intrigen, demütigte ihn – vergeblich. Die CDU bestimmte ihre »Wahlkampflokomotive« Erhard zum Nachfolger des »Alten«. Als Ludwig Erhard im Oktober 1963 das Kanzleramt von Adenauer übernahm, wurde er vom Volk euphorisch begrüßt. Doch der Wirtschaftswissenschaftler war kein Parteitaktiker, in der CDU fehlte ihm die Hausmacht, zudem mangelte es ihm am nötigen Quäntchen Machiavellismus. Parteiinterne Widersacher machten ihm das Leben schwer – Erhard zeigte auch nie den Machtwillen, sie zum Schweigen zu bringen. Trotz des Sieges gegen Willy Brandt im Wahljahr 1965 war sein Abstieg unaufhaltsam. Eine erste Konjunkturabschwächung, ein leichter Anstieg der Arbeitslosigkeit – schon entstand der Eindruck, er agiere auf seinem ureigenen Gebiet, der Wirtschaftspolitik, glücklos. Nach dem Bruch der Koalition durch die FDP drängten besorgte und ehrgeizige »Parteifreunde« auf seinen Rücktritt, am 1. Dezember 1966 wurde er von Kurt Georg Kiesinger abgelöst. Als »Volkskanzler« blieb der gemütliche Franke glücklos, als erfolgreicher »Mr. Wirtschaftswunder« wird er noch immer verehrt. Vom Volk liebevoll »der Dicke« genannt, war er während der Fünfzigerjahre das fleischgewordene Symbol für Aufschwung und Wohlstand. Seine stets qualmende Zigarre erinnerte an die Industrieschlote, die wieder rauchten. Als unverbesserlicher Optimist hatte er 1948 Entschlossenheit gezeigt, den Grundstein für den rasanten Wirtschaftsaufstieg der Bundesrepublik gelegt und entscheidend zur Stabilisierung der jungen Demokratie beigetragen. ■

»Ein Kompromiss, das ist die Kunst, einen Kuchen zu teilen, dass jeder meint, er habe das größte Stück bekommen.« ERHARD

Heinz Erhardt 1909* 1979†

■ **Heinz Erhardt – Er hob gern den verlorenen Faden vom Boden auf, gab ein geliehenes Ohr zurück: Sein Sprachwitz machte Heinz Erhardt zu einem der beliebtesten Komiker der fünfziger und sechziger Jahre.**

Das Wörtlich-Nehmen war nur eine seiner Spezialitäten. Heinz Erhardt war Dichter, Musiker, Schauspieler und Entertainer – ein Sprachjongleur, der den Deutschen nach dem Krieg zu unbeschwerter Heiterkeit verhalf. In der Sendung »So was Dummes« im NWDR drang sein schelmischer Humor 1946 erstmals massiv in die Wohnstuben. Für die Rundfunkzensoren der englischen Besatzungsmacht in Hamburg war er »der einzige Deutsche, über den wir lachen können« – obwohl sie kein Wort verstanden. Als Einzelkind wuchs Erhardt im lettischen Riga bei den Großeltern auf, weil sich die Eltern kurz nach seiner Geburt trennten. Heinz wurde, wie er es später nannte, von der Mutter nach St. Petersburg »entführt«, dann einige Jahre von Vater Gustav, der als Kapellmeister durch Deutschland tingelte. Wieder in Riga, horchten die Baltendeutschen 1932 auf, als Erhardt im Schauspielhaus den Helden Birnstiel in einem Lustspiel gab, zu dem er auch die Musik beisteuerte. Er lebte vom schlecht bezahlten Job im Musikgeschäft seines Großvaters, der ihn zur Lehre nach Leipzig geschickt hatte – doch dort hatte Erhardt lieber nebenbei Klavier und Komposition studiert und Stegreifauftritte bei bunten Abenden absolviert. 1934 lernte er Gilda Zanetti in Riga kennen. Die Ehe mit der Tochter des früheren italienischen Konsuls in St. Petersburg hielt bis zu seinem Tod, vier Kinder wurden geboren. Gilda war die treibende Kraft der »Firma« Erhardt. 1938 überredete sie ihren Mann, trotz Geldnot in Berlin einen Versuch zu starten. Er landete beim »Kabarett der Komiker« – der große Durchbruch, nachdem er zuvor schon die typische Erhardt-Masche mit verschlafenem Gesicht und zerstreuten Pointen in Breslau erprobt hatte (»Noch'n Gedicht?«).

1926	**Lehrzeit in Leipzig; Auftritte als Stegreifkomiker**
1938	**»Kabarett der Komiker« in Berlin**
1957	**Erste Hauptrolle in dem Kinofilm *Der müde Theodor***
1970	***Das Große Heinz Erhardt Buch***
1971	**Schlaganfall**

Im Zweiten Weltkrieg kam der Nichtschwimmer Erhardt zur Marine. Der Wehrmacht war er gerade recht. Sie schickt ihn an die Front, um die Soldaten in der Schlacht zum Lachen zu bringen. Als sich die Familie 1945 in Norddeutschland wiederfindet, läuft die Karriere an: 1947 am Theater mit *Lieber reich, aber glücklich* der Durchbruch als Schauspieler, 1957 die erste Kino-Hauptrolle in *Der müde Theodor*. 39 Filme werden es in 15 Jahren (einige hält er für höchst misslungen), dazwischen endlose Tourneen; Erhardt ist ein gefragter Entertainer. Er klebt buchstäblich am Erfolg. In 19 dicke Lederalben hat er die Spuren seines Wirkens eingeklebt, den eigenen Namen unterstrichen: Artikel, Programme, Fotos; als hätte er das alles selbst sonst nicht geglaubt. Mit Filmen wie *Witwer mit fünf Töchtern* (1957) wird er zum Prototypen des deutschen Vaters. Dabei ist die eigene Familie oft allein. Gemeinsamen Urlaub gibt es nie. Immer ist er bei der Arbeit oder auf Achse. Obwohl er das Fernsehen zunächst nicht mag, übernimmt er 1971 die Sendung »Baden-Badener Roulette«, doch nur ein Mal. Ein Schlaganfall zerstört sein Sprachzentrum. Heinz Erhardt tritt nie wieder vor Publikum auf.

»Selbst wenn einer 100 Witze hintereinander erzählen kann, so fällt er noch lange nicht unter die ›Humoristen‹, sondern höchstens auf die Nerven.« Erhardt

Er war der Meister des Wortspiel-Gedichts (»Die Made« ist sein Klassiker), der einstudierten Spontaneität, des kalkulierten Kalauers – irgendwo in der Tradition zwischen Wilhelm Busch und Otto Waalkes. Er verdrehte (»fangen Sie zu, hören Sie auf«) und prägte geflügelte Worte (»Besser eine Stumme im Bett als eine Taube auf dem Dach«). Er verblüffte auf urkomische Weise, weil hinter jeder noch so harmlosen Satzecke der nächste Witz lauern konnte (»Sie trägt die Kleider, er die Kosten«). Die Denkmäler, die ihm gesetzt wurden, wirken angemessen kurios: Eine Kurve, in der er mit dem Auto einen Blechschaden hatte, wurde nach ihm benannt. Seine Karikatur zierte einen Poststempel. Und eine Gärtnerei züchtete die Heinz-Erhardt-Rose. Auch nach seinem Tod blieb er populär. *Das Große Heinz Erhardt Buch* verkaufte sich mehr als 2,5 Millionen Mal. Drei Tage vor seinem Tod erhielt er das Große Bundesverdienstkreuz. Heinz Erhardt hatte so manchen Wort-Schatz gehoben. Seine Fans freuen sich auf ein Wiederlachen im nächsten Leben. ■

Joschka Fischer 1948*

Joschka Fischer – Vom Schulabbrecher über den Straßenkämpfer zum Außenminister: Joschka Fischer ist ein Marathon-Mann der Politik und trotz seiner umstrittenen Vergangenheit eine Integrationsfigur.

Nach Abbruch des Gymnasiums und einer Fotografenlehre brachten die tödlichen Polizeischüsse auf den Demonstranten Benno Ohnesorg Joschka Fischer 1968 auf den Weg in die Politik. Bis 1975 gehörte er der Gruppe »Revolutionärer Kampf« an. In Frankfurt mischte er in der APO und in der Hausbesetzerszene mit, hörte Vorlesungen von Habermas und Adorno, beschäftigte sich intensiv mit Marx, Mao und Hegel. Doch durch die Verbrechen der RAF bekam die Parole »Avanti militanti« einen üblen Beigeschmack. Der Mord an dem Arbeitgeberpräsidenten Schleyer bewirkte bei ihm einen – wie er selbst sagt – »Illusionsabschleif«. Aus dem Straßenkämpfer wurde ein Wahlkämpfer, die kurz zuvor gegründeten Grünen wurden seine neue Heimat. Ein Öko-Utopist war er nie. Der Aufschlag aus den revolutionären Wolken auf den Boden der Tatsachen war dafür zu hart. Aus dem Sponti-Chaoten wurde der Ober-Realo. Sein Lieblingssatz: »Leute, seht doch die Realität.« Er formte die Grünen zu seiner Partei – andere meinen, er deformiert sie.

1980 **Mitglied der Grünen**
1985 **Landesminister in Hessen**
1994 **Fraktionsvorsitzender von Bündnis 90/Die Grünen**
1998 **Außenminister und Vize-Bundeskanzler**

1983 wurde Fischer für die Grünen in den Bundestag gewählt und fiel in den Debatten durch drastische Formulierungen und seine scharfe Zunge auf. 1985 schied er aufgrund der Rotation aus dem Bundestag aus und wurde Ende des Jahres der erste grüne Landesminister – für Umwelt und Energie in Hessen. Seine wichtigsten Vorhaben, etwa sofortiger Ausstieg aus der Kernenergie, scheiterten am Koalitionspartner SPD. Aber auch von der Basis der Grünen blies ihm kräftiger Gegenwind ins Gesicht, die Koalition zerbrach. Als die Grünen bei der ersten gesamtdeutschen Bundestagswahl 1990 an der Fünf-Prozent-Hürde scheiterten, gerieten Realos und Fundis erneut aneinander. Einen Höhepunkt fand der Streit, als sich Fischer für die militärische Sicherung der Schutzzonen in Bosnien-Herzegowina und eine Interventionspflicht der UNO bei Völkermord aussprach. 1998 wurde Fischer Außenminister und Vize-Bundeskanzler. Innerhalb kurzer Zeit verschaffte er sich in seinem neuen Amt Respekt. Während sein politischer Kurs ihn immer weiter von der Parteibasis entfernt, findet er auf der Weltbühne immer mehr Anerkennung und wird als Vermittler hoch geschätzt. Als Bündnis 90/Die Grünen im Bundestagswahlkampf 2002 im Gegensatz zur SPD Stimmen dazu gewannen, schrieben dies viele Beobachter seiner überragenden Leistung und Beliebtheit zu.

Straßenkämpfer, Sponti, der erste grüne Landesminister, dann der erste grüne Außenminister. Was kommt als Nächstes? Ein Amt in der EU oder in der UNO? Das Zeug dazu hat er. »Eine erreichte Entfernung wird nicht unterschritten«, schreibt er in seinem Buch *Mein langer Lauf zu mir selbst*. Was vordergründig nur ein Trainingsziel war, um sich 1996 von über hundert Kilogramm auf jugendliche 75 herunterzujoggen, bedeutet mehr: Wie kein anderer Politiker ist Fischer durch die Irrungen der jüngeren deutschen Geschichte gegangen, um sich zu entwickeln, sich mit der Republik zu häuten, wie sie erwachsen zu werden. »Es geht! Man muss nur bereit sein, die ersten Schritte zu tun und dann immer weiter zu laufen«, lautet der letzte Satz in *Mein langer Lauf zu mir selbst*. Ist Fischer so beliebt, weil er viel abverlangt, aber dafür auch viel gibt? Den Abschied von Utopien, aber dafür grüne Wahlerfolge. Den Tod deutscher Soldaten, aber dafür weltpolitisches Gewicht? Manche sagen, Fischer sei der Typ Machtpolitiker, den er selbst früher verachtet habe. Doch würden die Grünen ohne ihn noch existieren? War es nicht er, der die Beteiligung am Anti-Terror-Krieg ohne Massendemonstrationen ermöglichte? Fischer integriert, weil er in sich stimmig ist. Für die Älteren ist er der geläuterte böse Bube, für die mittlere Generation einer der ihren, für die Jüngeren ein Polit-Popstar. Regierungen kommen und gehen. Joschka weiß das. Er ist Staatsmann und will es bleiben. »Gottvater« titelt man ihn schon, zumindest bei den Grünen. Für Fischer geht es nur vorwärts. »Eine erreichte Entfernung wird nicht unterschritten.« ■

»Jeder Generation, die auf dem Weg in eine falsche Richtung, in die Gewalt ist, muss Widerstand entgegengesetzt werden.« FISCHER

Heinz-Harald Frentzen 1967*

Heinz-Harald Frentzen – Im harten Formel-1-Geschäft ist er die große Ausnahme: Der Mönchengladbacher ist ein Mann mit viel Gefühl. Auch wenn er sich bisher nicht gegen seinen härtesten Konkurrenten durchsetzen konnte, zählt er zu den besten Rennfahrern aller Zeiten.

Die Palette der Charakterisierung von Heinz-Harald Frentzen ist breit gefächert. »Ein talentierter Luftikus« ist er laut *Spiegel*. Ein »Stehaufmännchen« nannte ihn *Sport-Bild*, einen »Dünnhäutigen« die *Schwäbische Zeitung*, den »größten Schweiger in der Formel 1« die *Bunte*, einen »Leisetreter« das Magazin *Pole Position*. Die *Stuttgarter Zeitung* schließlich sprach vom »Formel-1-Gutmensch«. Für viele Experten und seine Anhänger zählt der Sohn eines Bestattungsunternehmers aus Mönchengladbach und einer Spanierin zu den besten deutschen Rennfahrern aller Zeiten, obwohl er nie einen großen Titel gewann. »Frentzen«, sagt etwa der Fachjournalist Luki Scheuer, einer der profunden Kenner der Motorsportszene, »ist von der Grundschnelligkeit her sogar schneller als Michael Schumacher.« Und er erklärt, weshalb er trotzdem nie die Erfolge seines ewigen Widersachers aus Kerpen einfahren konnte: »Schumacher kann ein ganzes Rennen mit höchster Konzentration durchhalten, das geht Frentzen ab.«

1981	**Deutscher Kart-Juniorenmeister**
1993	**Erster Vertrag in der Formel 1**
1997	**In Imola erster Grand-Prix-Sieg**
1997	**WM-Zweiter im Williams-Renault**
1999	**WM-Dritter im Jordan-Mugen-Honda**
2003	**Frentzen fährt wieder bei Sauber**

Die Gründe liegen aber auch in der Persönlichkeit Frentzens. Er gilt als offener, lockerer Typ, als ehrliche Haut mit weichem Herz. Eigenschaften, um die ihn viele beneiden mögen, die aber im knallharten Formel-1-Zirkus nicht unbedingt weiterhelfen. Als Frentzen 1994 nach dem tödlichen Unfall des Brasilianers Ayrton Senna das Angebot erhielt, ins Williams-Cockpit zu wechseln, schlug er diese Chance aus. Stattdessen hielt er dem Schweizer Rennstall-Chef Peter Sauber die Treue, weil der ihm im Jahr zuvor seinen ersten Formel-1-Vertrag gegeben hatte. Eine menschliche Geste im oft unmenschlichen Motorsport-Business, indes wenig karrierefördernd. Frentzen blieb noch bei Sauber, als der

seine Boliden statt mit Mercedes- mit den weniger erfolgreichen Ford-Motoren bestückte. 1998 wechselte er dann doch zu Williams. Aber schon zwölf Monate später war das Gastspiel beendet. Der siebte WM-Platz war dem erfolgsverwöhnten Team zu wenig. »Frentzen ist zu sensibel«, urteilte Technik-Chef Patrick Head. »Im Gegensatz zu Michael Schumacher ließ Heinz-Harald Frentzen bei seinen Entscheidungen stets mehr das Herz als den Verstand sprechen«, sagte Experte Scheuer. Und sogar bei Herzensangelegenheiten war der Konkurrent ihm ein Stück voraus. Schumacher spannte Frentzen dessen Freundin Corinna aus. Frentzen heiratete daraufhin die Zahnarztassistentin Tanja Nigge. Als im April 2000 Töchterchen Lea zur Welt kam, beeinflusste dies seine Einstellung zur Arbeit im Cockpit nachhaltig. Im Gegensatz zu vielen Kollegen gab er offen zu: »Es wäre völlig abwegig zu behaupten, dass man solche Einflüsse ohne Konzentrationsverlust für den Job wegsteckt. Man wird zwar nicht langsamer, aber ist phasenweise nicht so bei der Sache wie sonst.« Eigenschaften und Eingeständnisse allesamt, die ihn sehr sympathisch machen. In der Tat war ihm Rücksichtslosigkeit stets fremd, privat wie beruflich. Niemals würde er im Rennduell einen Konkurrenten unnachgiebig ins Kiesbett schubsen, wie es der ehrgeizige Michael Schumacher praktizierte.

Frentzens Sensibilität kam ihm oft zugute. Sein Gefühl fürs Auto macht seinen Fahrstil flüssig und sorgt für einen weiten Grenzbereich. Das heißt: Wenn er sich seinem Limit nähert, haben andere es längst erreicht. Auch bei der Weiterentwicklung der hoch empfindlichen Formel-1-Boliden ist sein Feeling von Nutzen. »Er besitzt ein Gefühl, ja einen Instinkt für die Technik eines Autos, kann Ingenieuren und Mechanikern wertvolle Hinweise geben«, erklärte Frentzen-Kenner Luki Scheuer. Seiner Sensibilität entsprechend ist auch sein Hobby: Der Anhänger von Borussia Mönchengladbach entwirft Teppichdesigns mit Rennsportmotiven. Fazit: Heinz-Harald Frentzen mag keiner der härtesten und erfolgreichsten Rennfahrer der Formel 1 sein, einer der elegantesten und menschlichsten ist er in jedem Fall. ■

»Das Einzige, was mir an der Formel 1 nicht gefällt, ist, dass man vergessen hat, im Fahrerlager Krabbelstuben für die Kleinen einzurichten.«

Frentzen

Friedrich I. Barbarossa 1122* 1190†

FRIEDRICH II. 1194* 1250†

Friedrich II. – »Das Staunen der Welt« nannten die Zeitgenossen den Staufer, dessen Reich von Sizilien bis zur Nordseeküste reichte. Er sprach Arabisch, verfasste ein Buch über die Falkenjagd und verfügte über einen rationalen Verstand, der seiner Zeit um Jahrhunderte voraus war.

Sein Start ins Leben war wenig königlich. Der Erbe des Kaiserreichs entstammte einer lieblosen Ehe, geschlossen aus Staatsräson, und wurde, kaum drei Jahre alt, Halbwaise – sein Vater Heinrich VI. war an Malaria gestorben. Zwar war das Kleinkind zu diesem Zeitpunkt bereits deutscher König, doch seine Mutter, Konstanze von Sizilien, ließ es auf schnellstem Wege in ihr Erbreich nach Italien bringen und unter Verzicht auf die deutsche Krone zum italienischen König krönen. Nach ihrem Tod 1198 stand Friedrich II. unter der Vormundschaft von Papst Innozenz III., wuchs aber dennoch reichlich ungezügelt auf. Kaum jemand erinnerte sich an das Königskind im Süden, bis dieses – gerade 14-jährig – auf Betreiben seines Vormunds zum deutschen Gegenkönig gewählt wurde. Mit Unterstützung des Papstes machte sich das »Kind aus Apulien« auf, sein Reich im Norden aus den Händen des rivalisierenden Welfenhauses unter Kaiser Otto IV. zurückzuerobern.

1196 Wahl zum deutschen König
1198 Krönung zum König von Sizilien
1220 Kaiserkrönung
1228–1229 Kreuzzug
1239 Papst Gregor IX. exkommuniziert Friedrich II. zum zweiten Mal
1250 Aussöhnung mit der Kirche

Die Regentschaft des Enkels von Friedrich Barbarossa war eine der ungewöhnlichsten des Hochmittelalters. Er eroberte den Kaiserthron zunächst als Spielball des Papsttums, hin- und hergerissen zwischen deutscher Fürstenmacht und den Einflüssen des englischen und des französischen Hofes. Doch bald mauserte er sich zu einem der beeindruckendsten Herrscher seiner Zeit. Seine wilden Kindheitsjahre in Palermo, inmitten arabischer, mediterraner und normannischer Einflüsse, hatten ihn mit dem nötigen Weitblick und einer umfassenden Bildung ausgestattet. Unter seiner Ägide wurde die Universität von Neapel gegründet – die erste Hochschule, die von einem weltlichen Herrscher ins Leben gerufen wurde.

Und in den »Assisen von Capua« und den »Konstitutionen von Melfi« schuf er die Grundlagen für eine zentrale Staatsmacht. Drei Jahrzehnte lang hielt er den Kaiserthron inne, in ständigem Ringen mit den deutschen Fürsten und dem Papsttum, die in Friedrich II. eine Bedrohung des alten Machtgefüges sahen. Zweimal traf der Bann Papst Gregors IX. den »leibhaftigen Antichristen«, der sich selbst zu einer Art Messias an der Schwelle einer Zeitenwende stilisierte: 1227, als er in die Lombardei einmarschierte, und 1239, als er deren Unterwerfung forderte. Papst Innozenz IV. erklärte 1245 gar die Absetzung des Kaisers und ließ Gegenkönige wählen. Erst 1250, in seinem Todesjahr, rang sich der streitbare Staufer zu einer Versöhnung mit dem Papsttum durch.

> »Der Überfluss pflegt auch der Allerweisesten Verstand zu blenden.« FRIEDRICH II.

Friedrich II. war ein Mann der Extreme. Ungewöhnliche Toleranz zeigte er gegenüber Andersdenkenden und Andersgläubigen. So schenkte er muslimischen Sarazenen das Leben, nachdem er sie in Sizilien bezwungen hatte, und siedelte sie ins apulische Lucca um. Die begnadeten Kämpfer dankten es ihm mit lebenslanger Treue. Als einzigem Herrscher dieser Zeit gelang es Friedrich II., das Heilige Grab in Jerusalem ohne einen einzigen Schwertstreich zu erobern. Allein durch sein Verhandlungsgeschick und seine Kompromissfähigkeit brachte er Sultan Al-Kamill dazu, ihm Jerusalem, Bethlehem und Nazareth sowie einen zehn Jahre währenden Waffenstillstand zuzubilligen. Ungewöhnliche Gnadenlosigkeit aber zeigte er gegenüber seinem Sohn Heinrich VII., dem glücklosen deutschen König, der sich gegen den übermächtigen Vater auflehnte, von ihm gedemütigt wurde und schließlich Selbstmord beging. Der Engländer Matheus Paris kommentierte den Tod des Kaisers mit den Worten: »Es starb der größte unter den Fürsten, zugleich das betroffene Staunen der Welt und ein wundersamer Verwandler.« Dennoch zerbrach das Lebenswerk Friedrich II. kurz nach seinem Tod. Sein Sohn Konrad IV. starb vier Jahre nach ihm, Enkel Konradin wurde im Jahr 1268 enthauptet. Damit war das staufische Haus erloschen. Friedrichs Gedankengut, sein rationales, zentrales Staatsverständnis und die Fürsorge des Staates für Bildung und Berufsgruppen, aber hatte Bestand, auch wenn es erst Jahrhunderte später wirklich zum Tragen kam. ■

FRIEDRICH II. VON PREUSSEN 1712* 1786†

Carl Friedrich Gauss 1777* 1855†

■ **Carl Friedrich Gauß – Er galt als der »Fürst der Mathematiker«, doch auch in der Astronomie und der Physik gelangen ihm bahnbrechende Leistungen, die von praktischem Nutzen für die Allgemeinheit waren.**

Es war eine knifflige Aufgabe, die der Lehrer der Katharinen-Volksschule in Braunschweig den neun- und zehnjährigen Knaben stellte: Sie sollten alle Zahlen von 1 bis 100 addieren. Die Jungen kritzelten lange Zahlenreihen auf ihre Schiefertafeln – nur der kleine Carl Friedrich Gauß erkannte den Kern des Problems und addierte die hundert Zahlen paarweise: 1 zu 100, 2 zu 99 – 50 Paarsummen, die jeweils 101 ergeben. Das Gesamtergebnis, das er dem verdutzten Schulmeister schon wenig später unter die Nase hielt, lautete 50 x 101 = 5050. Eine Leistung, die die außergewöhnliche Begabung des Jungen offenbarte, der schon als Dreijähriger seinen Vater bei Rechenaufgaben korrigiert haben soll. Er habe früher rechnen als sprechen gekonnt, sagte Gauß später halb scherzhaft über sich selbst. Ausgestattet mit einem Stipendium des Herzogs von Braunschweig konnte der Sohn eines kleinen Handwerksmeisters studieren und machte sich schnell einen Namen als Mathematiker. Als 18-Jähriger konstruierte er ein regelmäßiges Siebzehneck – ein mathematisches Problem, an dem sich Gelehrte seit der Antike die Zähne ausgebissen hatten. In seiner Dissertation bewies er 1799 als Erster den Fundamentalsatz der Algebra, nach dem jede algebraische Gleichung mindestens eine Lösung hat. Auch mathematische Forschungen zur höheren Arithmetik, zur Differenzialgeometrie und zur Zufallsverteilung sind untrennbar mit seinem Namen verbunden.

1801	**Mathematisches Hauptwerk *Untersuchungen über höhere Arithmetik***
1807	**Professor in Göttingen**
1809	**Astronomisches Hauptwerk *Theorie der Bewegung der Himmelskörper***
1821	**Erfindung des Heliotrops**
1827	**Differenzialgeometrisches Hauptwerk *Allgemeine Flächentheorie***
1833	**Erfindung des elektromagnetischen Telegrafen**

Rufe von namhaften in- und ausländischen Universitäten lehnte der Gelehrte regelmäßig ab – so ging er weder nach St. Petersburg, noch ließ er sich von Wilhelm von Humboldt zu einer Professur an der Ber-

liner Universität überreden. Göttingen, wo er 1807 Professor für Astronomie und Direktor der Universitäts-Sternwarte geworden war, verließ Gauß nur äußerst ungern, und wenn, dann nur für wissenschaftliche Zwecke. Auch war ihm das Lehren verhasst. Studenten nahmen nur wenig aus seinen Vorlesungen mit, da er sich kaum die Mühe machte, schwierige Zusammenhänge ausführlich zu erklären. Viel lieber zog er sich zurück und brachte komplizierte Rechenexempel zu Papier. »Ich habe das Resultat, ich weiß nur noch nicht, auf welchem Wege ich es erreichen werde«, war einer seiner Standardsätze. Vieles von dem, was Gauß ertüftelte, blieb damals unbekannt – neben seinen veröffentlichten Forschungsergebnissen stehen viele Entdeckungen, die er lediglich Freunden in Briefen mitteilte oder in sein Tagebuch notierte.

Gauß' Leistungen sind viel zu umfangreich, um sie auf einen Nenner bringen zu können. Auch in der Astronomie entwickelte er Methoden zur Berechnung von Himmelskörperbahnen. So wurde 1802 ein Planetoid, über den nur vage Angaben vorhanden waren, allein aufgrund der Gauß'schen Berechnungen wiedergefunden. In der Physik galt sein Augenmerk dem Erdmagnetismus. Mit seinem Professorenkollegen Wilhelm Weber verkabelte er 1833 die Sternwarte mit dem Physikalischen Institut der Universität Göttingen, um über elektromagnetisch beeinflusste Kompassnadeln Nachrichten untereinander auszutauschen. Das war die erste Telegrafenverbindung der Welt. Überhaupt waren seine wissenschaftlichen Arbeiten stets am praktischen Nutzwert orientiert. Dies zeigte sich besonders in der Anwendung seiner Erkenntnisse in der Geodäsie. Ab 1821 nahm er über fünf Jahre an der Vermessung des Königreichs Hannover teil. Hierfür entwickelte er eigens Gerätschaften wie das Heliotrop – ein optisches Gerät, mit dem er mehrere Kilometer entfernte Punkte zu Messzwecken fixieren konnte. Als Gauß im Jahre 1855 hochbetagt in Göttingen starb, ließ der König von Hannover Gedenkmünzen prägen, die dem »Princeps mathematicorum« gewidmet waren – eine Würdigung, die dem Universalgenie kaum gerecht wird. ■

»Wahrlich ist es nicht das Wissen, sondern das Lernen, nicht das Besitzen, sondern das Erwerben, nicht das Da-Seyn, sondern das Hinkommen, was den größten Genuss gewährt.«

Gauss

Hans-Dietrich Genscher 1927*

■ **Hans-Dietrich Genscher – Er war 23 Jahre Minister: fünf Jahre für Inneres, 18 für Auswärtiges. Als erster führender Politiker des Westens unterstützte er die Reformversprechen Gorbatschows und sicherte mit den 2+4-Gesprächen die Wiedervereinigung außenpolitisch ab.**

Den bewegendsten Satz seiner Laufbahn durfte er nicht zu Ende reden. Dabei war Hans-Dietrich Genscher dafür eigens von der UNO-Vollversammlung in New York in die Bonner Botschaft nach Prag geeilt. Gesundheitlich ging es dem Außenminister am Abend des 30. September 1989 nicht besonders gut. »Ich hatte starke Herzrhythmus-Störungen und war froh, dass ich mich an der Brüstung festhalten konnte. Mein Infarkt lag nicht weit zurück«, erinnerte er sich später. Doch Genscher wollte die »befreiende« Nachricht unbedingt persönlich überbringen: »Wir sind gekommen, um Ihnen mitzuteilen, dass heute Ihre Ausreise…« Der Rest seines Satzes ging im aufbrausenden Jubel der rund 6000 DDR-Bürger unter, die Tage zuvor auf das Gelände der Prager Botschaft gestürmt waren. Genscher hatte auf diplomatischem Parkett erreicht, was sie durch diese spektakuläre Massenaktion erzwingen wollten: Die Regierung der DDR stimmte ihrer Ausreise in die Bundesrepublik zu. Es war ein Tag des persönlichen Triumphes für Genscher, der einst als 25-Jähriger aus der DDR in den Westen geflüchtet war. Und es war ein weiterer Meilenstein auf dem Weg zur Überwindung der deutschen und europäischen Teilung, den er in seiner 18 Jahre währenden Amtszeit als Außenminister beharrlich verfolgt hatte.

1952 **Übersiedlung in die Bundesrepublik, Eintritt in die FDP**
1959 **Geschäftsführer der FDP-Bundestagsfraktion**
1965 **Bundestagsabgeordneter und parlamentarischer Geschäftsführer der FDP-Bundestagsfraktion**
1969 **Innenminister**
1974 **Außenminister, Vizekanzler und Parteivorsitzender der FDP**

Zur Außenpolitik kam der Jurist aus Halle erst auf dem Gipfel seiner Karriere. Nach zehn Jahren als Geschäftsführer der FDP-Bundestagsfraktion wurde er 1969 Innenminister in der sozialliberalen Koalition unter Kanzler Willy Brandt, 1974 dann Außenminister in der neuen Regierung unter Helmut Schmidt sowie Parteivorsitzender der FDP. Seine schwierigste Zeit als Parteichef wurde das Wendejahr 1982. Über die Beratung des Bundeshaushalts für 1983 kam es zum Bruch der Koalition zwischen SPD und FDP. Trotz heftiger Proteste aus dem sozialliberalen Flügel der FDP, die in zahlreichen Parteiaustritten gipfelten, setzte Genscher einen Koalitionswechsel zur CDU/CSU durch und blieb Außenminister unter dem neuen Kanzler Helmut Kohl. Ganz ohne politische Blessuren überstand er dies nicht. Spätfolge seiner innerparteilichen Schwächung war die Aufgabe des Parteivorsitzes 1985, wenngleich er großen Einfluss behielt.

In seiner Position als Außenminister fand der geschickte Unterhändler Genscher das ihm gemäße Metier. Legendär war die Reisediplomatie des Rekordministers, dessen Markenzeichen – der gelbe Pullunder – an allen Orten der Welt gesichtet wurde. Über zwei Millionen Flugkilometer soll er in seiner Amtszeit zurückgelegt haben. Manchmal, so die Saga, sei er so schnell gereist, dass er im Flugzeug seine eigenen Fernsehbilder eingeholt habe: so sei es vorgekommen, dass Mitarbeiter mit ihm telefonierten, während sie ihn »live« im Fernsehen sahen. Neben der nötigen Energie und Geschicklichkeit hatte Genscher auch die richtige Vision. Als erster führender Politiker des Westens plädierte er dafür, die Reformversprechen Michail Gorbatschows ernst zu nehmen, als dieser 1985 das Ruder in der Sowjetunion übernahm. »Genscherismus« wurde in bestimmten Kreisen Londons oder Washingtons zu einem Schmähwort für naive Nachgiebigkeit gegenüber dem Ostblock. Doch Genscher behielt Recht. Als im Herbst 1989 in der DDR eine friedliche Revolution ausbrach, lenkte er die Ereignisse gemeinsam mit Helmut Kohl in die richtigen diplomatischen Bahnen. Die Ratifizierung des 2+4-Vertrags am 15. März 1991, in dem die Siegermächte des Zweiten Weltkriegs einem wiedervereinigten souveränen Deutschland zustimmten, krönte seine Laufbahn. Im Mai 1992 gab er überraschend sein Amt als Außenminister ab. Er wolle zu einem Zeitpunkt gehen, wo man über seinen Rücktritt noch Bedauern, nicht Erleichterung empfinden würde. Das ist ihm geglückt. ■

»Nicht das Recht des Stärkeren, sondern die Stärkung des Rechts schützt die Interessen aller Staaten am besten.« GENSCHER

Johann Wolfgang von
Goethe 1749* 1832†

■ **Johann Wolfgang von Goethe – Dichter, Denker, Forscher, Staatsminister. Der große Universalist schuf in über sechzig produktiven Jahre ein Œuvre von unvergleichlichem Weltruhm.**

Nachdenklich verließ Goethe den Vortragsraum der »Naturforschenden Gesellschaft« in Jena, als er unverhofft auf den Mann traf, dessen Werk *Die Räuber* ihm so verhasst war. Goethe hatte den zehn Jahre jüngeren Dichter, diesen »verspäteten Stürmer und Dränger«, bisher gemieden. Doch jetzt – im Jahr, als die Französische Revolution ihren blutigen Höhepunkt erlebte – kam er mit Schiller über Formen der Naturerkenntnis ins Gespräch: das erste Gipfeltreffen der »Geistesantipoden«. Ihr Disputieren lockte sie bis in Schillers Unterkunft, und dort offenbarten sie mit viel Verve ihr unterschiedliches Verständnis der Urpflanze. An jenem Abend begann eine elf Jahre währende Freundschaft, ein Schaffensbund, der in der neueren deutschen Geistesgeschichte einzigartig ist. Zur Einstimmung auf ihre ästhetische Allianz dichteten sie die *Xenien*, fast tausend Epigramme gegen den Zeitgeist. Die produktive Spannung zwischen den beiden brachte nicht nur die für spätere Schülergenerationen so folgenreichen Balladen und Theaterstücke hervor, sondern beeinflusste auch die großen Werke der »Weimarer Klassik«. Das bekannteste Stück dieser Ära ist die wohl bedeutendste Dichtung in deutscher Sprache, Goethes *Faust*. Erste Szenen dazu hatte der Frankfurter Patriziersohn bereits während seines Jura-Studiums verfasst, einige Monologe des erkenntnishungrigen Teufelsbündlers entstanden auf seiner eineinhalbjährigen *Italienischen Reise*. Doch erst Schiller regte ihn dazu an, das Projekt konzentrierter voranzutreiben. Nach dessen Tod im Jahr 1805 schloss Goethe den ersten Teil mit der berühmten Kerkerszene ab – zur Arbeit am bildungssatten *Faust II* drängte ihn zwanzig Jahre später Eckermann, sein getreuer Gehilfe der letzten Lebensjahre.

1765	**Beginn der Studienjahre**
1774	***Die Leiden des jungen Werther***
1775	**Ankunft in Weimar**
1786	**Italienreise**
1794	**Beginn der Freundschaft mit Schiller**
1806	**Abschluss von *Faust I***
1831	**Abschluss von *Faust II***

Die fulminante *Faust*-Dichtung beschäftigte ihn ebenso sein Leben lang wie die Naturstudien. Bereits in seinem ersten Weimarer Jahrzehnt zeigte Goethe sein Potenzial als Universalgelehrter: Der Geheime Legationsrat, Kriegskommissar, Wegebauverwalter und Oberaufseher des Kupfer- und Silberbergwerks Ilmenau ging geologischen, mineralogischen und botanischen Fragen nach, betrieb anatomische Studien und entdeckte 1784 en passant den Zwischenkieferknochen des Menschen. Darüber hinaus forschte er intensiv an seiner Farbenlehre, für die ihm die gewünschte Anerkennung allerdings versagt blieb – für das vom Schicksal begünstigte Genie unerwartet enttäuschend. Goethe sah sich schließlich eher als Bahnbrecher in den Naturwissenschaften denn als künftiges Dichtervorbild. Aber die poetische Laufbahn entpuppte sich als ungleich erfolgreicher. Schon sein gefühlsbeladener Briefroman *Die Leiden des jungen Werther*, inspiriert von einem aufwühlenden Sommer mit Charlotte Buff, wurde auf Anhieb ein Weltbestseller mit ungeheurer Wirkung: Er zog die »Werthermode« ebenso nach sich wie Selbstmorde à la Werther. Am Weimarer Hof ging die Karriere dann atemberaubend weiter: Aus dem empfindsamen »Stürmer und Dränger« wurde unter Einfluss der anderen Charlotte seines Lebens, der Dame von Stein, ein auf Mäßigung, Reinheit, Harmonie und Humanität setzender Autor (*Iphigenie von Tauris*, *Torquato Tasso*), der zum größten Dichter deutscher Sprache aufstieg.

»Die Überzeugung unserer Fortdauer entspringt mir aus dem Begriff der Tätigkeit, denn wenn ich bis an mein Ende rastlos wirke, so ist die Natur verpflichtet, mir eine andere Form des Daseins auszuweisen.« GOETHE

Bis ins hohe Alter war er unermüdlich tätig und wurde sich dabei selbst bereits »historisch«. Der Mensch habe ein Recht, an Unsterblichkeit zu glauben, proklamierte er, der für diese Art von Erlösung »stets strebend sich bemühte«. Sein Weltruhm wuchs unaufhörlich, er korrespondierte mit den Großen seiner Zeit und hinterließ der Nachwelt mehr als 15 000 Schreiben. Seine Werke – Drama, Lyrik, Prosa – wurden in mehrere Sprachen übersetzt, Dichter aus dem In- und Ausland pilgerten nach Weimar, um ihm zu huldigen. Sie wussten: Die Geistesgeschichte der Neuzeit ist ohne Goethe nicht denkbar, denn er war nicht nur »ein guter und großer Mensch, sondern eine Kultur« (Nietzsche). ■

THOMAS GOTTSCHALK 1950*

■ **Thomas Gottschalk – Er begründete Anfang der achtziger Jahre den neuen respektlos frechen Typus des Showmasters. Heute schafft er es, die gesamte Nation vor seiner Sendung »Wetten, dass ..?« zu versammeln.**

Es war die Zeit, in der ein Moderator mit Turnschuhen, schrillen Klamotten und langen Haaren noch ein Aufreger war. Thomas Gottschalk hatte sich beim Bayerischen Rundfunk einen Namen als lässiger Verbalschwadroneur gemacht und galt als Deutschlands hoffnungsvollster Nachwuchsmoderator. Am 29. März 1982 debütierte der große Blonde mit der großen Klappe in der ZDF-Sendung »Na sowas« und alle waren sich einig: einen solchen Typen hatte es in der Moderatorentradition von Frankenfeld über Kulenkampff bis Elstner bisher nicht gegeben. Das Verblüffende war, dass der respektlose, stets seinen spontanen Eingebungen vertrauende Gottschalk nicht nur Schwarm der Teenager, sondern auch der Großmütter wurde. Als er nach fünf Jahren »Na sowas« 1987 vor den Hochaltar der Samstagabend-Unterhaltung trat und »Wetten, dass ..?« übernahm, machte er daraus die erfolgreichste Unterhaltungsshow Europas. Er selbst wurde zum einzigen deutschen Showmaster von internationalem Format – und alle kamen sie, die McCartneys und Jacksons der Popkultur. Als er 1992 zu RTL ging, bejammerte nicht nur die *Welt* das »Ende des Familienfernsehens«.

1971 **Freier Mitarbeiter des BR-Jugendfunks**
1982–1987 **»Na sowas« (ZDF)**
1983 **Kinofilm *Die Supernasen* mit Mike Krüger**
1987–1992 **»Wetten, dass ..?«**
1992 **Tägliche Late Night Show bei RTL**
1994 **Comeback mit »Wetten, dass ..?«**

Gottschalk, der sich mehr Spielraum ohne öffentlich-rechtliche Zwänge erhofft hatte und eine Late Night Show nach amerikanischem Vorbild etablieren wollte, wurde weder vom Zuschauer noch von der Kritik dafür belohnt. 1995 wechselte er im Streit zu SAT 1, doch auch hier blieben seine Formate ohne rechtes Profil. Gottschalk brauchte »Wetten, dass ..?« und »Wetten, dass ..?« brauchte ihn. Seine triumphale »Heimkehr« feierte die *Süddeutsche Zeitung* als »Wiederkehr des absolut herrschenden Showmasters über allen aktuellen Zeitgeist hinweg«. Trotz der Odyssee hatte sein Image nicht gelitten. Sein einziger Skandal mag die Anzeige eines Tierschutzvereins sein, weil ein Zauberer in Gottschalks RTL-Show zwei lebende Goldfische verschluckt hatte. Für den »Buntstiftlecker«, der als Wettkandidat die Regeln des Fairplay sabotierte, konnte er nichts. Eine Sexaffäre mit Brigitte Nielsen hoch über den Wolken gehabt zu haben, wie ihm die *Bunte* 1988 andichtete, konterte er wütend mit der Rückgabe seiner drei Bambis an den Burda Verlag. Belangen sollte man ihn höchstens für seine unglücklichen Moderatorenoutfits, witzelte das deutsche Schneiderhandwerk, das ihm den Titel eines der schlechtest gekleideten Männer der Republik verlieh. Sein Beliebtheits- und Bekanntheitsgrad, von fast 100 Prozent, prädestinierte ihn früh zum idealen Werbeträger. 1987 machte ihn McDonald's mit angeblich 1,2 Millionen Mark zum Werbestar. Weitere lukrative Verträge gipfelten 2000 in einer Kampagne der Deutschen Post AG, für die Gottschalk und sein Bruder Christoph eine Serie von selbstironischen Sketchen hinlegten. Diese Nebenerwerbe polarisieren: Die einen klagen, er verkomme zur Reklamefigur, die anderen bewundern seine unternehmerische Cleverness. 1997 zog er mit Frau Thea und seinen zwei Söhnen nach Los Angeles: hier könne er endlich morgens Brötchen kaufen gehen, ohne dass ihn an jeder Ecke Fans umarmten.

»Ich verändere mich nicht. Ich lebe davon, in der Öffentlichkeit nicht anders zu sein als privat. Mein Gequatsche läuft den ganzen Tag, und daran lasse ich die Zuschauer zwei Stunden lang teilhaben.« GOTTSCHALK

Gottschalk habe »das Frechsein im Fernsehen erfunden«, räumte Harald Schmidt einmal ein. Auch ohne Gagschreiber hat er das Unterhaltungsfernsehen revolutioniert, heute gilt er als Urvater der jüngeren Showmastergeneration von Jauch bis Raab. »Die Menschen lieben ihn«, meint Kritikerpapst Marcel Reich-Ranicki, »weil sie ihn als einen der Ihren empfinden, nur eben erfolgreicher als sie selbst.« Er wirkt dabei so authentisch, dass man die Leute oft sagen hört, er sei auch privat so, obwohl ihn ja niemand privat kennt. Gottschalk ist der einzige Showmaster im deutschen TV, der einen Marktanteil von fünfzig Prozent schafft und für den sich die ganze Familie vor dem Bildschirm versammelt. Gottschalk ist ihr kleinster gemeinsamer Nenner und damit zum Synonym für die große Fernsehshow geworden. ■

Steffi Graf 1969*

Steffi Graf – Sie ist die erfolgreichste deutsche Sportlerin des 20. Jahrhunderts. Keine hat so dominiert wie sie und keine hat sich der Öffentlichkeit so entzogen wie die »Gräfin«. Nach einer Serie persönlicher Rückschläge folgte ein Happy End, das nicht nur die Sportwelt begeisterte.

Kaum hatte ihm die Sechsjährige die ersten Vorhandbälle um die Ohren geschlagen, wusste Nachwuchstrainer Boris Breskvar, dass er eine Jahrhundertbegabung vor sich hatte. »Einen solchen Moment erlebt man nur einmal im Leben«, schwärmte er noch zwanzig Jahre später. In diesem kleinen Mädchen aus Brühl steckte eine Ausnahmeathletin, ausgestattet mit idealen Hebelverhältnissen und einer Schnelligkeit, die ebenso Furcht einflößend wie ästhetisch war. Vor allem aber hatte »Fräulein Vorhand« den absoluten Willen zum Erfolg. Bereits mit 13 Jahren wechselte sie ins Profilager und löste nur drei Jahre später die sieggewohnten »Elder Ladies« Chris Evert-Loyd und Martina Navratilova an der Spitze der Weltrangliste ab. Aus dem badischen Teenager wurde ein Weltstar, der die Konkurrenz beinahe nach Belieben beherrschte. Insgesamt 377 Wochen war sie die Nummer 1 der Weltrangliste, ein einsamer Rekord, sie siegte bei 107 Grand-Prix-Turnieren und gewann 1988 den Grand Slam, eine Leistung, die vor ihr nur zwei Spielerinnen vollbracht hatten. Ihre Dominanz war so erdrückend, dass selbst das jubelnde Tennisdeutschland Erbarmen mit ihren Gegnerinnen hatte.

1975	**Sieg beim Zwergl-Turnier in München**
1987	**Erstmals Nr. 1 der Weltrangliste**
1988	**Gewinn des Grand Slam und der olympischen Goldmedaille**
1989	**Weltsportlerin des Jahres**
1995	**Selbständige Führung ihrer Geschäfte**
2001	**Heirat mit Andre Agassi in Las Vegas**

Wer sich an die rund 13 Jahre Graf-Herrschaft erinnert, wird aber wohl auch deren Ende vor Augen haben, jenen einzigartigen Moment bei den French Open 1999. Die »Gräfin« war nach einer zermürbenden Serie von Verletzungen und fremdverursachten Skandalen – darunter der Attentatsversuch eines Graf-Fans auf Monica Seles in Hamburg – auf den Court zurückgekehrt, um es den neuen Wunderkindern ein letztes Mal zu zeigen. Nach einem nervenaufreibenden Match schlug sie über-

raschend die Weltranglistenerste Martina Hingis. Das Publikum tobte und die 29-jährige Deutsche hüpfte vor Glück auf dem Ascheplatz hin und her. Derart ausgelassen hatte man die introvertierte Gräfin noch nie erlebt: Steffi Graf feierte und genoss den Augenblick. Hinter ihr lagen vier harte Jahre, ein Leidensweg mit schweren Verletzungen und privaten Tiefschlägen. Die Skandale um ihren Vater hatten die Presse inzwischen mehr beschäftigt als die Erfolge der Athletin. Peter Graf, der seine Tochter wie besessen zum Tennisolymp geführt hatte, hatte längst jede Bodenhaftung verloren: erst die Erpressungsaffäre um ein ehemaliges Callgirl, dann verschlepptes Startgeld in Plastiktüten, schließlich die Gefängnisstrafe wegen Steuerhinterziehung in Höhe von 20 Millionen DM. Während die Familie unter dem Skandal zerbrach, sah die Öffentlichkeit Steffi Graf in der Rolle der unwissenden Tochter. Sie spielte Tennis, der Übervater verwaltete ihr Vermögen. Seit er der Dreijährigen einen abgesägten Tennisschläger in die Hand gedrückt hatte und sie im Wohnzimmer Bälle an die Wand dreschen ließ – für eine Salzstange oder ein Vanilleeis mit Himbeeren –, war sie ihm blind gefolgt. Nun musste sie sich umorientieren. Mit der geschäftlichen und emotionalen Emanzipation vom Vater wuchs ihre Beliebtheit. Kritisierte man früher noch ihre Verbissenheit, lobte man nun ihre Athletik, Disziplin und technische Perfektion, mit der sie eine neue Professionalität im Frauentennis begründete – auch ohne groteske Muskelberge im weiblichen Schlagarm.

»Ich weiß, ich war nicht immer einfach. Ich wünschte, mir wäre vieles viel leichter gefallen.«
Graf

Dem sportlichen Märchen folgte nach Grafs Rücktritt im August 1999 ein privates, weltweit bejubeltes Happy End, das Hollywood nicht besser hätte inszenieren können. Erste Kussfotos der scheuen Gräfin ausgerechnet mit Andre Agassi, dem Paradiesvogel der Tennisszene, sorgten für einen Medienrummel erster Güte. Die Romanze führte vor den Traualtar und zur Geburt des Sohnes Jaden Gil, dessen tennisgenetische Veranlagung exquisit sein dürfte. »Der Übergang in ein leiseres und glücklicheres Leben hat perfekt geklappt«, sagt Steffi Graf heute. Dass Tennis-Deutschland in naher Zukunft eine zweite Gräfin erleben wird, ist nach Expertenmeinung leider auszuschließen. ■

Herbert Grönemeyer 1956*

Johannes Gutenberg um 1400* 1468†

■ **Johannes Gutenberg – Der umtriebige und neugierige Patriziersohn aus der Bischofsstadt Mainz machte im wahrsten Sinn des Wortes auf dem Papier eine Erfindung, die die Welt veränderte.**

Es geschah 1449 in der altehrwürdigen Bischofsstadt Mainz. Hartnäckig versuchte der Mann, in dessen Augen das Feuer der Überzeugung brannte, den abgebrühten Geschäftsmann Johannes Fust von seiner Idee zu überzeugen. Kostbare Bibeln – so wusste Johannes Gensfleisch, der auch Gutenberg genannt wurde – waren das Geschäft des Lebens. Die Nachfrage war hoch, und sie erzielten Preise im Gegenwert eines Bürgerhauses. In mühseliger, oft jahrelanger Arbeit wurden sie geschrieben und illustriert. 500 Prozent Gewinn versprach er Fust, wenn es gelänge, sie zu vervielfältigen. Die Methode sei ausgereift, allein, es fehle das Geld. Seit Wochen hatte Fust gezögert, das Für und Wider immer wieder abgewogen. Konnte er dem Patriziersohn aus gutem Hause trauen? Besaß dieser tatsächlich die Fähigkeiten oder war das Ganze nur eine fixe Idee? Die Zweifel an der Glaubwürdigkeit des Johannes Gutenberg entbehrten durchaus nicht jeglicher Grundlage, war der Drucker doch schon wegen eines gebrochenen Eheversprechens und säumiger Zahlungen vor Gericht gestanden. Am Ende überwand Fust seine Skepsis – vielleicht lag es an dem guten Riesling im Mainzer Gasthaus – und sagte zu. 800 Gulden rückte er für die Einrichtung einer so genannten Druckerei heraus, weitere 800 im Jahr 1452. Ohne es zu wissen, finanzierte er damit eine revolutionäre Neuerung, die die Welt veränderte. Ihn aber machte sie zu einem erbitterten Gegner jenes Johannes Gutenberg, der ihn an diesem Abend überzeugt hatte, auf das Wagnis einzugehen.

1434/1444 **Wahrscheinlich erste Druckversuche in Straßburg**
1450–1452 **Aufbau einer Druckerei**
1453/1455 **Druck der Gutenberg-Bibel**
1455 **Verlust der Druckerei**

So könnte es sich abgespielt haben. Der Beginn einer technischen Innovation, die wie so oft vom schnöden Risikokapital abhängig war. Ob sich die Ereignisse aber tatsächlich so zugetragen haben, wissen wir nicht. Schließlich entstand erst mit dem erfolgreichen Druck der 180

Prachtbibeln die so genannte »Gutenberg-Galaxis«, die Epoche der gedruckten Information. Nicht ohne Grund wurde der geniale Druckermeister aus der Bischofsstadt am Rhein zum »Mann des Jahrtausends« gewählt. Schon den Menschen des ausgehenden Mittelalters war bewusst, welch explosive Kraft in dieser Erfindung steckte. So schrieb der Diplomat Enea Silvio Piccolomini, der spätere Papst Pius II., tief beeindruckt: In Frankfurt habe er einen »vir mirabilis« gesehen, einen bewundernswerten Mann, der viele Lagen Blätter in sehr korrekter Schrift vorgelegt habe, die sogar ohne Brille zu lesen gewesen sei. Sechs Jahre nach dem denkwürdigen Deal mit Fust verlor Gutenberg in einem Prozess die Bibeldruckerei und einen Teil der kostbaren Drucke an den Geldgeber. Dieser hatte, vermutlich wegen noch ausstehender Zins- und Rückzahlungen, Gutenberg verklagt und den Prozess gewonnen.

Für den Druckermeister war damit der ersehnte Reichtum dahin. 1462 musste er in den Wirren lokaler Kriege wieder einmal die Stadt Mainz verlassen. Sechs Jahre später starb er, geachtet, aber keineswegs wohlhabend. Das Geschäft machten andere. Alsbald sollten Hunderte von Druckermeistern die »Schwarze Kunst« um die Erde tragen. Zum Segen, aber auch zum Fluch der Menschheit. Das gedruckte Wort beschleunigte die Freiheit der Menschen und die Demokratie, aber auch Kriege und Revolten, da mithilfe eines Flugblattes »ein einziger unruhiger Kopf zu Millionen« sprechen konnte, wie es Friedrich Schiller so trefflich formulierte. Es schuf Nationalstaaten, ließ Menschen auf Scheiterhaufen sterben und zerstörte Reiche. Ohne Frage sorgte der Buchdruck für eine einzigartige Beschleunigung der Wissenschaft und legte den Grundstein für eine umfassende Bildung breiter Schichten. All diese Entwicklungen konnte der Erfinder des Buchdrucks natürlich nicht vorhersehen. Er wollte mit einer genialen Idee lediglich das Geschäft seines Lebens machen – angewandte Marktwirtschaft im ausgehenden Mittelalter. Die Auszahlung sollte jener Johannes Gensfleisch, geboren im Hof zu Gutenberg in Mainz, allerdings nicht mehr erleben. ■

»Was immer die Welt heute ist, die positiven und die negativen Seiten zusammen, dies hat Gutenbergs Erfindung aus ihr gemacht, aus dieser Quelle ist alles entstanden.«

MARK TWAIN

Samuel Hahnemann 1755* 1843†

Samuel Hahnemann – Er war der Begründer der Homöopathie, ein sanfter Rebell. Er misstraute der traditionellen Medizin und stellte den Menschen in den Vordergrund seiner Behandlungen.

Es waren nur ein paar Gramm, die im Löffel lagen, und doch schauderte es Samuel Hahnemann, die bittere Chinarinde zu schmecken. Schnell schluckte er sie hinunter, er wollte wissen, was die Droge der Inkas in seinem Körper auslöste. Langsam wurden seine Füße und Fingerspitzen taub, er wurde matt, dann hämmerte es in seinem Kopf, ihm wurde heiß und kalt, Fieber stellte sich ein. Es war die Geburtsstunde der Homöopathie, die der Arzt Samuel Hahnemann gerade durchlebte. Er hatte in diesem Selbstversuch den Beweis angetreten, dass Chinarinde nicht magenstärkend ist, wie seine Kollegen annahmen, sondern dass sie eine Art Malaria auslöst. Damit hatte er eine Möglichkeit gefunden, Malaria zu behandeln – nach dem Grundsatz der klassischen Homöopathie: Ähnliches heilt Ähnliches.

Samuel Hahnemann wurde in Meißen als Sohn eines Porzellanmalers geboren. Durch die Vermittlung seiner Lehrer durfte er die Fürsten- und Landesschule St. Afra besuchen. Mit zwanzig immatrikulierte sich Hahnemann in Leipzig für Medizin. Das Studium finanzierte er selbst – er übersetzte englische Werke aus den Bereichen Medizin und Chemie und gab Sprachunterricht. Er zog nach Wien. Dort nahm ihn der Leibarzt von Kaiserin Maria Theresia mit zu seinen Privatpatienten und verhalf ihm zu einer Anstellung im Krankenhaus. Später sagte Hahnemann über diese Zeit: »Dem Spital oder vielmehr dem Leibarzt von Quarin verdanke ich, was Arzt an mir genannt werden kann.« Mehr und mehr misstraute er der herkömmlichen Medizin und verlor den Glauben an die Wirksamkeit ihrer Methoden. Ihm schie-nen die Aderlässe und Klistiere nutzlos, die Patienten eher schwächten als

1775–1777 **Medizinstudium in Leipzig**
1790 **Erster Selbstversuch**
1810 **Veröffentlichung des *Organon der rationellen Heilkunst***
1812–1821 **Professur an der Universität Leipzig**
1819–1835 **Leibarzt des Herzogs von Anhalt-Köthen**
1835 **Umzug nach Paris**

heilten. Es muss, meinte er, ein einfacheres Mittel für die Heilung geben. In Dessau heiratete Hahnemann die Apothekertochter Henriette Küchler. Aus der Ehe gingen elf Kinder hervor. Die ersten Praxen, die er eröffnete, waren erfolglos. Henriette war ungeduldig, da sie häufig den Ort wechselten, und sie drängte ihn zu einer Anstellung. Hahnemann flüchtete sich in medizinische Studien, las die Schriften der antiken Naturphilosophen und suchte nach neuartigen Heilmethoden. An den Krankenbetten seiner Kinder kam ihm ein Gedanke: Man muss die Wirkung von Heilmitteln in einem gesunden Körper beobachten. So kam es zum ersten Selbstversuch mit Chinarinde. 1810 veröffentlichte er seine Erkenntnisse in dem *Organon der rationellen Heilkunst*. Dieses Buch war eine Kampfansage an die traditionelle Medizin und wurde zur Bibel für die Homöopathen. Krankheit war für Hahnemann eine Verstimmung der Lebenskraft, die durch verschiedene chemische oder mineralogische Substanzen behoben werden kann. In Leipzig hielt er seine ersten Vorlesungen. Er reiste durch Deutschland, um seine Heilmittel selber herzustellen.

»Des Arztes höchster und einziger Beruf ist, kranke Menschen gesund zu machen, was man heilen nennt.« HAHNEMANN

Hahnemanns Methoden waren ungewöhnlich: Er hörte den Patienten zu, verfasste Krankheitsprotokolle und linderte die Beschwerden durch die Gabe verdünnter Essenzen. Das brachte seine Kollegen gegen ihn auf: 1820 klagten die Apotheker Leipzigs wegen unerlaubter Arzneimittelherstellung gegen ihn, der Klage wurde stattgegeben. Hahnemann verließ Leipzig und ließ sich in Köthen nieder. Hier starb seine Frau Henriette. Kurz danach brach die Cholera über Europa herein. Hahnemann behandelte mit Kampfer und Nieswurz, forderte hygienische Maßnahmen, doch zum Kampf gegen die Krankheit kam der Kampf gegen seine Gegner: Seine Homöopathie wurde von den Vertretern der traditionellen Medizin angefeindet. Mit 79 Jahren heiratete er die junge Französin Marie Melanie d'Hervilly, die als Patientin gekommen war. Die beiden zogen nach Paris, wo sie von den Mitgliedern der neu gegründeten homöopathischen Gesellschaft umsorgt wurden und dort eine große Praxis führten, die bald international anerkannt war. Am 2. Juli 1843, mit 88 Jahren, starb Samuel Hahnemann in Paris. ■

SVEN HANNAWALD 1974*

■ **Sven Hannawald – Er galt als Pechvogel und sollte aus dem A-Kader der Skispringer aussortiert werden. Doch bei der fünfzigsten Vierschanzentournee meldete er sich mit einem Paukenschlag zurück.**

Vor dem letzten Sprung war er nur ein Sportler, dem eine erstaunliche Leistung gelungen war – als er landete, war er eine Legende. Drei Wettbewerbe hatte Sven Hannawald bei der Vierschanzentournee 2001/2002 schon gewonnen – zunächst in Oberstdorf, dann in Garmisch-Partenkirchen, schließlich auch in Innsbruck. Von Sprung zu Sprung hatte er sich gesteigert und kontinuierlich an Sicherheit gewonnen. Irgendwie passte einfach alles. Er hatte einen »Lauf«, für die Zuschauer ebenso überwältigend wie für die Fachleute unerklärlich: Hannawald, der allzu oft als Nervenbündel aufgefallen war, blieb cool und sicherte sich auch in Bischofshofen den Tagessieg. Die Wintersport-Welt war entzückt: Was er geschafft hatte, war in fünfzig Jahren Vierschanzentournee noch keinem gelungen – vier Einzelsiege und ein überlegener Gewinn in der Gesamtwertung. Die Medien überschlugen sich mit Superlativen wie »Deutschlands neuer Himmelstürmer« oder »König der Skispringer«. Die deutschen Adler hatten einen neuen Star.

1982	Erster Sprung von einer Fünf-Meter-Schanze
1993	Erstes Weltcupspringen
2000	Skiflug-Weltmeister, Weltcupsieger im Skifliegen
2001/2002	Sieger der Vierschanzentournee
2002	Skiflug-Weltmeister, Sportler des Jahres in Deutschland

Der Erfolg Sven Hannawalds war eine Sensation. Zwar hatte er auch vor »seiner« Vierschanzentournee einige Titel gewonnen, zwischen einzelnen Glanzpunkten lagen aber immer wieder lange Durststrecken. Das Beständigste an Hannawald schien seine Unbeständigkeit zu sein. Seit 1993 gehörte er zu den deutschen Spitzenspringern. Doch entweder verhinderten Verletzungen bessere Leistungen, oder er stand sich selbst im Weg. So redete er sich nach einer Reihe von Misserfolgen ein, dass er angesichts von skispringenden Leichtgewichten wie Andreas Goldberger aus Österreich zu schwer für bessere Resultate sei. »Leicht fliegt gut«, hieß das fatale Motto, das ihn

an den Rand der Magersucht führte – bei einer Größe von 1,84 wog er kaum noch sechzig Kilo. Kein Wunder, dass Spitzenleistungen bald ganz ausblieben. Das Karriere-Ende schien gekommen – beim Deutschen Ski-Verband wollte man ihn schon als »ewiges Talent« aus dem Kreis der Weltcup-Springer aussortieren. Mehr als 15 Jahre Hochleistungstraining wären umsonst gewesen. Begonnen hatte Hannawald in Johanngeorgenstadt im Erzgebirge als Nordischer Kombinierer. Erst auf der Kinder- und Jugendsportschule wandte er sich ganz dem Springen zu. Als das ostdeutsche Sportförderungssystem nach der Wende mehr und mehr zusammenbrach, ging Hannawald mit seinen Eltern in den Westen, um seine Karriere fortzusetzen. »Wenn ich nicht in den Schwarzwald gezogen wäre, würde es den Sportler Hannawald nicht mehr geben«, erklärte er dazu später. Dass er jedoch offenbar mit einem eher badisch anmutenden Dialekt seine Herkunft zu verbergen sucht und für ehemalige Weggefährten kaum ein Wort des Dankes findet, nehmen ihm bis heute manche in seiner alten sächsischen Heimat übel.

»Ich starte immer mit dem festen Willen, mein Bestes zu geben. Wenn am Ende etwas Historisches herauskommt, ist das für mich umso erfreulicher.« HANNAWALD

Der Rest von Deutschland aber jubelte nach der Tournee 2001/02. Besonders laut taten dies die jüngeren Mädchen – »Hanni Superstar« wurde mit Mitte zwanzig zum Teenie-Idol. Liebesbriefe und Plüschtiere flogen fortan in den Schanzenauslauf, Plakate mit Heiratsbotschaften wurden geschwenkt. Mit Preisgeldern und Werbeverträgen machte der schon als Versager abgestempelte Springer bald richtig Kasse. Dennoch hob der Überflieger bei all dem Rummel um seine Person nicht ab, sondern blieb am Boden – Beleg dafür, dass er im Auf und Ab seiner Karriere gereift war. In eine Reihe mit Sportheroen wie Max Schmeling, Franz Beckenbauer oder Boris Becker wollte er nach seinem Triumph nicht gestellt werden. »Wenn mir so ein Erfolg noch mal gelingen würde, dann ließe ich mir das vielleicht einreden«, erklärte er bescheiden. Und natürlich gab es für Hannawald auch wieder Springen, bei denen es nicht zu einem Platz ganz oben auf dem Siegerpodest reichte. Wenn er jedoch weiter konzentriert sein »Zeug« macht, ist er auf einem guten Weg. Denn er hat das »Zeug« zu einem ganz Großen. ■

Heinrich Heine 1797* 1856†

Heinrich Heine – Er war einer der respektlosesten deutschen Schriftsteller, Lyriker und Publizisten. Seine Gedichte erlangten Weltruhm. Heine gehörte zur europäischen Avantgarde und gilt als Schöpfer des modernen Feuilletons.

»Bedeutende Dichter machen mitunter Ärger. Manche nicht nur zu Lebzeiten, sondern über den Tod hinaus.« Mit diesen Worten begann Bundespräsident Roman Herzog am 13. Dezember 1997 seine Festrede anlässlich des 200. Geburtstags von Heinrich Heine. Weiter hieß es: »Immer wieder gibt es Streit, auch wenn es nur eine Straße oder ... eine Universität ist, die nach ihm benannt werden soll.« Über den Dichter und politischen Kommentator schieden sich schon zu seinen Lebzeiten die Geister. Von den einen wurde er bejubelt, von den anderen verdammt. Heinrich Heine war unberechenbar, widersprüchlich und scharfzüngig. Er rührte an Tabuzonen, weil er die Provokation suchte. Mit seinem humorvoll-ironischen und polemischen Stil begründete er eine moderne feuilletonistische Prosa. Das machte ihn in den Augen vieler Politiker und Kirchenmänner unbequem und gefährlich. 1835 fielen seine Schriften in Deutschland der staatlichen Zensur zum Opfer, da man ihn dem »Jungen Deutschland« zurechnete. Die Herrschenden verdächtigten ihn, ein Aufwiegler und Revolutionär zu sein. 1836 setzte die römische Inquisition Heines Werke auf den Index. Fortan war jedem Katholiken die Lektüre seiner *Reisebilder* wegen seiner »schrecklichen Lästerungen« bei Verlust des Seelenheils verboten. Als in Deutschland 1848 die Zensur wieder aufgehoben wurde, kokettierte Heine: »Ach! Ich kann nicht mehr schreiben ...! Wie soll ein Mensch ohne Censur schreiben, der immer unter der Censur gelebt hat?«

1819	**Beginn des Jurastudiums**
1825	**Promotion und Konversion zum Protestantismus**
1831	**Übersiedlung nach Paris**
1835	**Verbot seiner Bücher in Deutschland**
1841	**Heirat mit Mathilde Mirat**
1848	**Ausbruch der Rückenmarkschwindsucht**

Dabei ließ Heines Werdegang zunächst nicht auf eine Karriere als Dichter und Schriftsteller schließen. Nach dem Willen seines Vaters sollte Harry Heine Kaufmann werden. Das Geschäft, das ihm sein Onkel Salomon Heine einrichtete, ging aber schon nach einem Jahr in Konkurs. Nach der Pleite entschied sich der junge Heine zu einem Jurastudium, das er in Bonn, Göttingen und Berlin absolvierte. 1825 ließ er sich protestantisch taufen und nahm den Namen Heinrich an. Mit der Konversion wollte er die gesellschaftlichen Schranken, die ihm als Juden auferlegt waren, durchbrechen. Doch Heine war und blieb ein Außenseiter. Da ihm die Juristerei auch nicht zusagte, beschloss er, Schriftsteller und Dichter zu werden. Sein 1827 veröffentlichtes *Buch der Lieder* machte ihn in Deutschland bekannt. Vertonungen seiner Werke durch Franz Schubert und Robert Schumann taten ihr Übriges. Die Nachricht von der Julirevolution in Frankreich nahm er begeistert zur Kenntnis: »Ich weiß jetzt wieder, was ich will, was ich soll, was ich muss. Ich bin der Sohn der Revolution.« 1831 ging er als Zeitungskorrespondent in sein selbst gewähltes Exil nach Paris. Sein Leiden an den deutschen Verhältnissen steigerte sich noch durch die Erfahrung in der Fremde. Trotz beißender Kritik setzte er seinem Heimatland in *Deutschland. Ein Wintermärchen* ein liebevolles Denkmal. Alexandre Dumas sagte einmal treffend: »Wenn Deutschland Heine nicht will, werden wir ihn gerne adoptieren, aber leider liebt Heine Deutschland mehr, als es verdient.«

»Dort wo man Bücher verbrennt, verbrennt man am Ende auch Menschen.« HEINE

Was Politik und Kirche bei Heine nicht erreichten, nämlich klein beizugeben, schaffte die eigene Familie. Um die Veröffentlichung seiner Memoiren zu verhindern, setzten sie den unliebsamen Verwandten finanziell unter Druck. Ein jahrelanger Erbschaftsstreit entbrannte, bei dem Heine den Kürzeren zog. Im Verlauf des Konflikts erkrankte er an einem Rückenmarksleiden, das sich mit den Jahren verschlimmerte. Seit 1848 lag der Dichter in seiner »Matratzengruft« und siechte langsam dahin. 1859 starb er in ihr. Seine Lyrik gehört zum Schönsten, was die deutsche Sprache hervorgebracht hat. Doch den Mächtigen war der Feuilletonist jüdischer Abstammung stets ein Dorn im Auge. Unter Heines *Loreley* druckten die Nazis unverfroren: »Autor unbekannt«. Doch die Erinnerung an den unkonventionellen Wortkünstler konnten sie nicht auslöschen. In seinen Werken ist er bis heute lebendig. ■

HEINO 1938*

■ **Heino – Sein Markenzeichen ist die schwarze Sonnenbrille. Er gilt als der bekannteste deutsche Schlagersänger. Der blonde Barde, Liebling der Großmütter, ist inzwischen auch Kultfigur der jungen Generation.**

Die Fans der Rolling Stones zertrümmerten bei ihrem legendären Konzert die Waldbühne in Berlin, Studenten gingen auf die Straße, um gegen den Vietnamkrieg zu demonstrieren, und Heino, der damals noch Heinz-Georg Kramm hieß, nahm seine erste Platte auf. Das Lied »Jenseits des Tales«, auf der sonst unbeachteten B-Seite seiner Single, wurde unerwartet zum Superhit und verkaufte sich 100 000 Mal. Das war 1965, als Heimatfilme und Volkslieder Hochkonjunktur hatten – zumindest bei der vom Krieg traumatisierten Eltern-Generation.

Für Heinz-Georg Kramm war »heile Welt« kein Kitsch-Begriff. Der Vater fiel 1941, da war Heino gerade drei Jahre alt. Die Familie wurde nach Pommern evakuiert, dann bei einem Lehrer in Sachsen einquartiert. In Düsseldorf fand die heimatlose Familie schließlich ein neues Zuhause. Der kleine Heinz-Georg sang leidenschaftlich – und offenkundig gut. »Mein Bruder konnte singen, bevor er sprechen konnte«, berichtet seine Schwester Hannelore. Weihnachten 1948 schenkte ihm die Mutter ein Akkordeon für stolze 330 Mark, die sie in Fünf-Marks-Raten von ihrem Lohn als Putzfrau abstotterte. Geld für Musikunterricht gab es nicht, Heino musste sich das Akkordeonspielen selbst beibringen. Der Junge aus ärmlichen Verhältnissen arbeitete als Klopapierverkäufer, Dachdecker, Alteisensortierer und Bäcker. Nebenbei tingelte er seit 1961 mit dem Trio OK-Singers von Tanzlokal zu Tanzlokal. 1964 entdeckte Ralf Bendix den talentierten Sänger bei einer Modenschau in Quakenbrück. Fortan ging es Schlag auf Schlag: 1966 unterschrieb Heino seinen ersten Vertrag, 1967 brachte er die erste LP heraus: *Kein schöner Land in dieser Zeit.* Es folgten Hits, die noch heute jedes Kind mitsummen kann, auch

1961	**Gründung des Trios OK-Singers**
1965	**Erster Hit »Jenseits des Tales«**
1966	**Erster Plattenvertrag**
1967	**LP *Kein schöner Land in dieser Zeit***
1979	**Hochzeit mit Hannelore von Auersperg**
1996	**Eröffnung des Heino-Rathaus-Cafés in Bad Münstereifel**

wenn es die wenigsten zugeben mögen. »Blau blüht der Enzian«, »Die schwarze Barbara«, »Bergvagabunden« oder »Schwarzbraun ist die Haselnuss« verhalfen dem Künstler zu über 35 Millionen verkaufter Scheiben. Mit seinen deutschen Volksliedern wurde Heino zur Reizfigur. 1977 monierte der *Spiegel* »sein blank geputztes, völkisches Image«. Seine LP *Lieder aller Deutschen*, auf der er alle drei Strophen des Deutschlandlieds sang, führte zu einem bundesweiten Eklat. Auch im anderen Teil Deutschlands wurde der Künstler kritisch beäugt. Die DDR-Regierung setzte Heino auf den Index, seine Tonträger wurden an der Grenze beschlagnahmt. Sein Image als »deutschtümelnder Interpret« wurde durch das Äußere – Rollkragenpullover, blondes Haar und schwarze Sonnenbrille, die er scherzend »meine Kampfbrille« nannte – gefördert. Der »Sänger der schweigenden Mehrheit« gibt sich unpolitisch und weist jegliche Nähe zu rechten Kräften entschieden von sich: »Die Leute dachten, der ist blond, hat einen Schäferhund, also ist er ein Rechter. Das ist doch Unsinn! Ich stehe für die leichte Muse, ich bin kein Politiker.« Seine treue Fangemeinde liebt ihn für seine Lieder von Mutterliebe, Heimweh und Naturschönheit. Nach einer Erhebung, die kurz vor der Wende 1989 durchgeführt wurde, kannten ihn über 97 Prozent der Westdeutschen und immerhin 54 Prozent schätzten den Sänger.

»Ich zeichne die heile Welt in meinen Liedern, weil ich eine heile Welt haben will.« Heino

1989 startete der Fünfzigjährige sein Comeback mit Rap-Versionen seines blau blühenden Enzians und der schwarzbraunen Haselnuss und schnellte damit auf Platz 1 der deutschen Hitparade. Ein Auftritt mit Nina Hagen war die Krönung seiner neuen Performance. Seitdem schätzt ihn auch ein jüngeres Publikum. Die *Zeit* brachte es auf den Punkt: »Der Biedermann von einst ist heute eine Kultfigur.« Humor bewies der blonde Barde, als er sich für American Express, nicht ohne Selbstironie, mit verbundenem Mund und zerbrochener Gitarre als moderner Troubadix an einen Baum fesseln ließ. Seine Fans nahmen ihm das nicht übel. Schlagzeilen machte er zuletzt 1996 bei der Eröffnung seines Cafés in Bad Münstereifel, wo es Heino-Kaiserschmarrn und natürlich auch Haselnusskuchen gibt. Seine Gegner von einst haben sich mit ihm längst versöhnt. Heino ist eben Kult. ■

Sepp Herberger 1897* 1977†

Hermann Hesse 1877* 1962†

Hermann Hesse – Der sensible Dichter, der sein Leben lang auf der Suche war, wollte stets nur er selbst sein. Der meistgelesene europäische Schriftsteller des letzten Jahrhunderts wurde zur Leitfigur der neuromantischen Aufbegehrer und zum Kultautor.

Völlig überrascht hielt Hesse den Brief in der Hand. Der namhafte Verleger und Förderer moderner Dichtung, Samuel Fischer, fragte im Februar 1903 bei dem 25-jährigen Buchhändler und Feuilletonisten an, ob dieser ihm nicht Manuskripte anbieten könnte. Der empfindsame Schwabe schrieb damals aber rein »aus persönlichstem Bedürfnis«, um »intime Dinge in moderner Form« aussprechen zu können. Dennoch setzte er sich umgehend an seinen ersten Roman. Die erste Auflage von *Peter Camenzind*, erschienen im Jahr 1904, war nach 14 Tagen vergriffen – ein Bestsellerautor hatte die Literaturbühne betreten. Und er hatte auch sein Thema gefunden: die Entwicklung des jungen Menschen zwischen Heimatverbundenheit und rastlosem Vagabundieren, das Individuum, umhergetrieben zwischen Natur-, Kunst- und Menschenliebe. *Peter Camenzind* ist der Vorläufer von *Demian*, *Siddharta* und *Steppenwolf*. Hesses Plädoyer für die nicht normierte Existenz führte allerdings bei ihm erst einmal zur Verbürgerlichung. Er ließ sich als freier Schriftsteller am Bodensee nieder und heiratete – drei Söhne kamen in den nächsten sieben Jahren hinzu. Doch das Idyll beengte den Poeten alsbald, eine seiner zahlreichen Lebenskrisen setzte ein: Schreiben als Selbsttherapie war Hesses Rezept. Das machte seine Bücher für Generationen von Heranwachsenden attraktiv, die im Spannungsfeld von Anpassung und Aufbegehren auf der Suche nach sich selbst waren.

1904	**Erfolgreiches Romandebüt mit *Peter Camenzind***
1919	**Übersiedlung nach Montagnola/Schweiz**
1922	***Siddharta***
1927	***Der Steppenwolf***
1946	**Nobelpreis für Literatur**

Krisenzeiten erlebte der eigenwillige Künstler in allen Lebensphasen. Schon als 15-Jähriger floh er aus dem evangelischen Klosterseminar in Maulbronn, weil der Sohn eines Missionars »entweder Dichter oder gar nichts werden« wollte, und landete schließlich in einer Ner-

venheilanstalt. 24 Jahre später, mitten im Ersten Weltkrieg, führten der Tod seines Vaters und die Schizophrenieerkrankung seiner ersten Frau zu einem neuerlichen Nervenzusammenbruch. Nach einer psychotherapeutischen Behandlung war Hermann Hesse für seine literarischen Großtaten gerüstet: *Demian* traf den Nerv der Zeit, und mit *Siddharta* bot er drei Jahre später den Weg zum vollkommenen Sein, den jeder nur für sich selbst finden kann. 1927 erschien das laut Kurt Pinthus »unbarmherzigste und seelenzerwühlendste aller Bekenntnisbücher«: *Der Steppenwolf* erzählt die Geschichte des aus der Zeit gefallenen Denkers in der Krise und begründete Hesses Weltruhm. Nach Ende des Zweiten Weltkriegs wurde der Wahlschweizer, der den deutschen Nationalismus immer kritisiert hatte, mit Preisen überhäuft. Allerdings fuhr er nicht nach Stockholm, als ihm 1946 der Nobelpreis für Literatur zugesprochen wurde. Die Aufnahme in den Literaten-Olymp erhielt er für sein drei Jahre zuvor erschienenes *Glasperlenspiel*, das westöstliche Weisheit zu einer Utopie geistiger Gemeinschaft vereint. Mit seiner dritten Frau Ninon Dolbin hatte er zu dem Zeitpunkt in Montagnola im Tessin auch für sich selbst endlich die richtige Synthese aus Allein- und Zusammenleben gefunden.

»Meine Dichtungen sind alle ohne Absichten, ohne Tendenzen entstanden ... Sie können alle als eine Verteidigung (zuweilen auch als Notschrei) der Persönlichkeit, des Individuums gedeutet werden.« Hesse

Als Hesse 1962 starb, hieß es im deutschen Feuilleton, mit ihm sei »kein Blumentopf mehr zu gewinnen«. Doch über hundert Millionen verkaufte Bücher, in über vierzig Sprachen übersetzt, sagen etwas anderes. Er ist einer der populärsten deutschen Autoren des 20. Jahrhunderts mit einer unvergleichlichen Wirkung weltweit, besonders aber in den USA und in Japan. Der naturselige Lyriker und große Prosaist war im Amerika des Vietnamkriegs Inspirator der Flower-Power-Generation und begeisterte auch wieder junge Leser in Deutschland, die gegen die Gesellschaft aufbegehrten. Hatte der Dichter Gottfried Benn ihn noch als »Innerlichkeitsromancier« diffamiert, sahen ihn andere als neoromantischen Wegbereiter der antibürgerlichen Revolten in der zweiten Hälfte des 20. Jahrhunderts, als literarischen Streiter für individuelle Menschenliebe, der zu allen Zeiten seine Leser finden wird. ■

Regine Hildebrandt 1941* 2001†

■ August Heinrich Hoffmann von Fallersleben – Bekannt wurde der Verfasser des »Deutschlandlieds« unter dem Namen »Hoffmann von Fallersleben«. Aus seiner Feder stammen neben Gedichten, mit denen er die politische Situation geißelte, auch zahlreiche populäre Kinderlieder.

1830 **Professor für Germanistik und Literatur in Breslau**
1840 **Veröffentlichung der »Unpolitischen Lieder«**
1841 **Das »Lied der Deutschen« entsteht**
1842 **Beginn der politischen Verfolgung**

Die Kapelle an Bord des Schiffes spielte für die internationalen Gäste die Marseillaise und danach »God save the King«. Eine illustre Gesellschaft reiste nach Helgoland – 1840 gehörte die Insel zum Britischen Empire und war als Seebad in Mode. Unter den Passagieren befand sich der deutsche Gelehrte August Heinrich Hoffmann, der viel über die Begeisterung nachgrübelte, mit der Franzosen und Engländer ihre Hymne sangen. Für die Deutschen gab es kein vergleichbares Lied. Noch nicht. 1841 reiste Hoffmann erneut nach Helgoland. Zuvor hatte er bei seinem Verleger Campe in Hamburg den zweiten Teil seiner »Unpolitischen Lieder« abgegeben. Der Titel war blanke Ironie und sollte die allgegenwärtige Zensur irreführen. Selbst dem dümmsten Zensor musste auffallen, dass hier ein kritischer demokratischer Geist nach Veränderungen rief. »Kein Österreich, kein Preußen mehr, Ein einzig Deutschland hoch und hehr«. Der Dichter, der sich mit einem Seitenhieb auf die Feudalgesellschaft nach seinem Geburtsort »von Fallersleben« nannte, war als Autor von Kinderliedern bekannt geworden: »Alle Vögel sind schon da«, »Morgen kommt der Weihnachtsmann«, »Kuckuck, Kuckuck, ruft's aus dem Wald« – allesamt populäre Volkslieder. Bei aller Volkspoesie war Fallersleben ein durch und durch politischer Mensch. Sein Thema: die nationale Einheit. Seit 1815, seit dem Wiener Kongress, war Deutschland ein lockerer Zusammenschluss von 35 souveränen Herrschern und vier freien Städten. »Deutscher Bund« nannte sich das Konglomerat. Freiheit, Einheit, eine demokratische Verfassung – alle Hoffnungen der Freiheitskriege blieben unerfüllt. Von Fallersleben agitierte gegen die Allmacht der Fürsten und die deutsche

Kleinstaaterei, engagierte sich als Student in Bonn und später als Professor für deutsche Sprache und Literatur in Breslau für mehr bürgerliche Freiheitsrechte. Gemeinsam mit Ernst Moritz Arndt gab er die »Bonner Burschenlieder« heraus. Arndt hatte gerade seine Professur verloren. Das gleiche Schicksal sollte Fallersleben blühen.

Auf Helgoland fasste er seinen politischen Wunsch in drei Strophen. Im »Lied der Deutschen« träumte er von einem vereinigten Deutschland, schwärmte von deutschen Schönheiten, von Einigkeit und Recht und Freiheit. Als Melodie schwebte ihm Franz Joseph Haydns Kaiserhymne vor. »Eine wunderbare Weise«, erklärte er seinem Verleger, dem er den Text für vier Louisdor anbot. Am 1. September 1841 lag das Werk vor, fünf Wochen später wurde es in Hamburg öffentlich gesungen. Die ersten Zeilen zählen zu den am meisten missverstandenen Formulierungen. »›Deutschland, Deutschland über alles‹ ist die blödsinnigste Parole, die je gegeben worden ist«, fand Friedrich Nietzsche. »Ein großmäuliges Gedicht«, nannte es Kurt Tucholsky. Doch nicht Überlegenheit, sondern der Gedanke, dass man das vereinte Deutschland »über alles« stellen solle, über die herrschende Kleinstaaterei war das Ziel Fallerslebens. Selbst der nationalsozialistische Größenwahn konnte den demokratischen Grundgedanken des Textes nicht auf Dauer diskreditieren. Das Lied der Deutschen ist eben nicht nationalistisch, sondern patriotisch.

»Ich habe ein Lied gemacht, das kostet aber vier Louisdor.«

HOFFMANN VON FALLERSLEBEN

Seinem Verfasser hat das »Deutschlandlied« kein Glück gebracht. »Durch derartige Gedichte hat Hoffmann seine Pflichten als öffentlicher Lehrer gröblich verletzt«, hieß es in einem Beschluss des preußischen Ministers Eichhorn, mit dem Hoffmann am 14. April 1842 sein Amt als Universitätsprofessor verlor. Bis 1848 zog er durch die Lande und hetzte bei bürgerlichen Banketten und vor Studenten gegen Aristokratie, Regierung und Polizei, gegen Zensur und Frömmelei. Viele Jahre blieb der erfolgreichste politische Lyriker des Vormärz in seinem Vaterland politisch verfolgt. Seine letzte Ruhe fand er auf dem Friedhof der Benediktinerabtei Corvey, in der er bis zu seinem Tod als Bibliothekar gearbeitet hatte. In seinem »Lied der Deutschen« lebt er weiter. ■

Alexander von Humboldt 1769* 1859†

Alexander von Humboldt – Vor 200 Jahren brach der große Forscher nach Lateinamerika auf. Er legte den Grundstein zu etlichen naturwissenschaftlichen Disziplinen und wurde zum Vermittler zwischen den Kulturen.

Der zweite Sohn eines adligen Gutsbesitzers in Berlin war ein hoch sensibler, stets kränkelnder Junge. Doch zur Überraschung aller entpuppte sich der Spätentwickler mit einer anfänglichen Schreib- und Leseschwäche zum vielsprachigen Universalgelehrten. Beseelt von den Idealen der Aufklärung und dem großen Wunsch, »das Zusammen- und Ineinanderweben aller Naturkräfte« zu verstehen, beendete Alexander von Humboldt schon bald das Studium der Kameralistik, einer Art Rechnungswesen, um nützlichere Fächer in Angriff zu nehmen. Auch wenn der Hochbegabte immer wieder betonte, der Umfang seiner Bildung sei auf »physikalische Geografie und Geognosie« beschränkt, besaß er fundiertes Fachwissen in zahlreichen geistes- und naturwissenschaftlichen Disziplinen. Er war der Wegbereiter der Ökologie und Vulkanologie sowie der Begründer der Klimakunde und Pflanzengeografie. Goethe rühmte ihn zu Recht als »nicht enden wollende Quelle des Wissens«.

So wundert es kaum, dass der junge Mann den Alltag in »Schloss Langeweile«, wie er sein Zuhause spöttisch nannte, gegen Abenteuer im tropischen Urwald eintauschen wollte. Bis zur Realisierung seines Plans durchlief der Aristokrat eine rasche Karriere. Als Oberbergmeister der fränkischen Herzogtümer blieb dem Aufsteiger Zeit genug, gezielte Studienreisen durch Europa zu unternehmen. Dabei übte er sich im Umgang mit wissenschaftlichen Messinstrumenten, stöberte ausgiebig in Archiven und traf sich mit Gelehrten zu angeregten Diskursen. Nach dem Tod seiner Mutter 1796 erbte der Forscher ein ansehnliches Vermögen, quittierte den Staatsdienst und machte sich unverzüglich an

1787–1792 **Studium u. a. der Geologie, Meteorologie, Vermessungstechnik**
1799–1804 **Forschungsreise nach Mittel- und Südamerika**
1805–1827 **Herausgabe seines 36-bändigen Reisewerks in Paris**
1829 **Forschungen in Russland und Sibirien**
1845–1858 **Herausgabe des vierbändigen Werkes *Kosmos***

die Vorbereitung seiner Lateinamerika-Expedition. Am 5. Juni 1799 schiffte er sich mit dem französischen Botaniker Aimé Bonpland zur Überfahrt über den Atlantik ein. Alexander von Humboldt war der erste unabhängige Forschungsreisende, der sein Unternehmen selbst finanzierte und ausschließlich in den Dienst der Wissenschaft stellte. Der Humanist, der den Menschen als Teil des Naturganzen betrachtete – wozu auch das Universum gehörte – und der kein Geschöpf edler als das andere ansah, verfolgte nur ein Ziel: das Fremde mit Vernunft und durch geeignete Methoden in Bekanntes zu verwandeln. Und so schleppten Humboldt und Bonpland zahlreiche Instrumente über viele tausende Kilometer durch Venezuela, Kuba, Kolumbien, Ecuador, Peru und Mexiko. Dabei bestimmte die kleine Expedition 700 Orte nach neuen astronomischen Methoden, befuhr den berüchtigten Orinoco, erstellte vom Vulkan Chimborazo erste Querprofilzeichnungen, verzeichnete 3500 neue Pflanzenarten, untersuchte die exotische Tierwelt und studierte Sitten und Geschichte der Einheimischen. Damit nicht genug, der Rastlose lieferte dem amerikanischen Präsidenten Thomas Jefferson, den er auf seiner Rückreise 1804 besuchte, im Plauderton die Idee zum Bau des Panamakanals.

»Am schlimmsten ist die Weltanschauung derer, die die Welt nie angeschaut haben.«

Humboldt

Über zwanzig Jahre lebte der Universalist Humboldt in Paris. Die kostenintensive Veröffentlichung seiner enormen Sammlung verschlang zwar sein gesamtes Vermögen, machte ihn aber zum Star der Wissenschaften. Legendär waren seine Vorträge, die Zuhörer aus allen Ständen – vom König bis zum einfachen Arbeiter – begeisterten. Sie bescherten ihm den Ruf als Pionier der populären Wissenschaft und zahlreiche staatliche Ehrungen. Humboldt wurde sogar selbst zum »Naturphänomen«: Gletscher, Staudämme oder Ströme, Salzseen, Bergketten, Krater, Schulen, Universitäten oder Städte wurden nach ihm benannt – selbst auf dem Mond findet sich der Name des »zweiten Entdeckers Amerikas«. Während der Deutsche im eigenen Land nahezu in Vergessenheit geriet, ist er in Lateinamerika überall präsent, auch an den abgelegensten Orten. Fern der Heimat gilt Alexander von Humboldt nach wie vor als der bedeutsamste Vordenker des 21. Jahrhunderts. ■

Günther Jauch 1956*

Curd Jürgens 1915* 1982†

■ **Curd Jürgens – Er war ein Symbol des Wirtschaftswunders, einer der wenigen deutschen Weltstars der Nachkriegszeit. Seine Erfolge, sein Hang zur Selbstinszenierung und sein ausschweifender Lebensstil machten den charmanten Draufgänger zur Legende.**

»Sind die Feste, die Mädchen, der Glanz und die Berühmtheit Betäubungsmittel, um das Unerfüllbare zu vergessen? Die Kompensation, mit der man leben muss?« Eine Frage, die sich Curd Jürgens in einem Augenblick des Zweifels stellte. Für eine Antwort fehlte die Zeit: Der berühmte Anruf aus Hollywood kam dazwischen – kurze Zeit später glänzte er an der Seite von Robert Mitchum im Kriegsdrama *Duell im Atlantik*. Es war ein Höhepunkt seiner Karriere. »So wie Curd Jürgens«, schrieb eine amerikanische Zeitung 1957, »stellen wir uns den guten deutschen Typ vor, tadellos, fair und auch als Offizier noch sympathisch.« Zwei Jahre zuvor hatte die Rolle eines aufrechten deutschen Offiziers Jürgens zum Durchbruch verholfen: Als Fliegerass Harras in der Zuckmayer-Verfilmung *Des Teufels General* brachte er dem internationalen Publikum die Seelenlage nahe, in der sich viele Deutsche während des Krieges befanden – die innere Zerrissenheit zwischen Karriere, Angst und Widerstand. Das Gefühl, ein feiger Mitläufer zu sein, kannte er; schließlich war sein Gesicht in so mancher NS-Filmschnulze zu sehen gewesen. Doch kurz vor Kriegsende legte er sich mit dem Bruder des Gestapochefs Kaltenbrunner an. Die Reaktion kam prompt: Als »politisch unzuverlässiges Element« schickte man ihn in ein Arbeitslager. Nach einigen Wochen konnte er fliehen und entging wie durch ein Wunder der Verfolgung.

1935	**Erste Filmrolle in *Königswalzer***
1941	**Engagement am Wiener Burgtheater**
1944	**Arbeitslager**
1955	**Internationaler Durchbruch mit *Des Teufels General***
1967	**Erste Herzoperation**
1976	**Autobiografie *Und kein bisschen weise***
1981	**Bundesverdienstkreuz und Bundesfilmband in Gold**

Eigentlich wollte Curd Jürgens Schriftsteller werden, schlug sich in Berlin als Reporter durch. 1935 stellte er sich bei der Ufa vor. Man wies ihn ab – seine Oberlippe sei zu lang. Doch den Regisseur Willi

Forst interessierte dieser kleine Makel nicht. Er engagierte den unerfahrenen Mimen gleich für die Hauptrolle des jungen Kaiser Franz Joseph in dem Film *Königswalzer*. Forst hatte auf den Richtigen gesetzt, denn die Damenwelt verfiel dem blonden Hünen mit den strahlend blauen Augen sofort. Nach diesem fulminanten Debüt dümpelte Jürgens' Karriere zunächst ohne größere Höhepunkte vor sich hin. Nach Kriegsende wurden österreichische Unterhaltungsstreifen seine Haupteinnahmequelle, Filme, die seine zweite Ehefrau Judith als Inbegriffe des »qualitätslosen Kunstgewerbes« bezeichnete. Qualität hin oder her, die Kasse stimmte. Damit konnten die Rechnungen bezahlt werden, von denen es im Hause Jürgens immer zu viele gab – der Schauspieler liebte Luxus. Als Sohn eines reichen Hamburger Kaufmanns und einer Südfranzösin war er von klein auf mit der High Society vertraut. Aus England lieferte man den bananengelben Jaguar, später fuhr er Rolls Royce. Er besaß prunkvolle Häuser in Frankreich, Österreich, der Schweiz und auf den Bahamas und galt als »aristokratischer Salonlöwe«, der seinen Reichtum, seine fünf Ehefrauen und zahllosen Affären stets zur Schau stellte. Die Boulevardpresse empfing er mit offenen Armen: »Ihr könnt schreiben, was ihr wollt. Nur meinen Namen, den müsst ihr richtig schreiben!« Es war ein gegenseitiges Geben und Nehmen.

»Besser, man gibt seinen Stunden mehr Leben als dem Leben mehr Stunden.« JÜRGENS

Der Vollblutschauspieler drehte über 160 Filme, spielte als beeindruckender Charakterdarsteller an der Seite von Brigitte Bardot und glänzte auf der Bühne als Sigmund Freud in *Der rote Faden*, als Galileo Galilei oder Jedermann. Während die Bardot ihn als »normannischen Kleiderschrank« bezeichnete, er selbst von sich als »Koloss auf tönernen Füßen« sprach, zeigte er in seiner Autobiografie seine andere Seite: Durch einen Autounfall war Jürgens schon als Jugendlicher zeugungsunfähig geworden. Nun, auf dem Höhepunkt seines Erfolgs, stellte er sich eben jene Frage, ob der Trubel nicht nur Kompensation für die fehlende Familie sei. Die Antwort kann nur er selbst geben – was sang damals diese rauchige Whiskystimme? »Ich habe manchen Kratzer abgekriegt, zu sagen, es war halb so schlimm, es wär gelogen. Ich habe längst nicht immer nur gesiegt, die Pose hat darüber weggetrogen.« ■

Immanuel Kant 1724* 1804†

■ **Immanuel Kant – Preußische Tugenden, analytische Fähigkeiten und unstillbarer Wissensdurst ließen ihn die europäische Aufklärung vollenden und mit dem kategorischen Imperativ ein Moralgesetz schaffen.**

Königsberg, zweite Hälfte des 18. Jahrhunderts, 5 Uhr morgens: »Es ist Zeit.« Der Diener Martin Lampe weckte seinen Hausherrn, den Philosophieprofessor Immanuel Kant. Frühstück, dann Vorlesung, täglich von 7 bis 9, mittwochs und sonnabends von 8 bis 10. Anschließend Arbeit bis 1 Uhr mittags und ausgedehnte Mahlzeit, oft mit Gästen, bei angeregten Diskussionen bis 4 oder 5 Uhr nachmittags, nur philosophische Fragen waren tabu. Kants Phase der Entspannung, bevor er sich erneut zurückzog: Lektüre, Meditation. Der Abendspaziergang, allein, pünktlich um 7 Uhr – die Königsberger hätten ihre Uhren danach stellen können – immer dieselbe Strecke. Nur einmal fiel der Spaziergang aus: Rousseaus *Emil oder über die Erziehung* fesselte Kant zu sehr. 10 Uhr abends Bettruhe, Ausnahme Theater- und Gaststättenbesuche, der Denker spielte gerne Billard. Die Regelmäßigkeit, charakteristisch für das damalige Leben in Königsberg, war für den kleinen (1,57 Meter), kränkelnden Kant elementar. Zum einen, um seine Gesundheit zu bewahren, zum anderen, um sein Lebenswerk voranzutreiben.

1746–1755	**Tätigkeit als Hauslehrer**
1765	**Stelle als Unterbibliothekar**
1770	**Professor für Logik und Metaphysik**
1781	***Kritik der reinen Vernunft***
1788	***Kritik der praktischen Vernunft***
1790	***Kritik der Urteilskraft***

Bereits sehr früh hegte er den Wunsch, wissenschaftlicher Lehrer zu werden. Aus einfachen Verhältnissen stammend, fehlte jedoch zunächst die finanzielle Grundlage. Kant verdingte sich als Hauslehrer, 1755 wechselte er als Privatdozent an die Königsberger Universität. Sein Ziel war es, Professor für Philosophie zu werden. Folgerichtig lehnte er 1764 eine Professur für Dichtkunst ab. 1770 erhielt er die erhoffte Stelle und entwickelte in den Folgejahren seine kritischen Schriften, die als Vollendung der europäischen Aufklärung und Wendepunkt der Philosophie gelten. Die *Kritik der reinen Vernunft* löste den Konflikt zwischen den Empirikern, die die Auffassung vertraten, Erkenntnis sei nur durch

Sinneserfahrungen möglich, und den Rationalisten, die die Grundlage der Erkenntnis allein im Bewusstsein des Menschen, in der Vernunft, sahen. Kant erkannte die durch Raum und Zeit begrenzten Möglichkeiten des Menschen: Er sei nicht in der Lage, die absolute Wahrheit, das »Ding an sich«, zu erkennen, sondern nur, was er mit seinen Sinnen wahrnehmen und seiner Vernunft analysieren könne. Übersinnliches müsse Spekulation bleiben. Später beschrieb Kant das natürliche Rechtsempfinden des Menschen (*Kritik der praktischen Vernunft*) und entwickelte ein Moralgesetz mit konkreten Handlungsanweisungen. In der *Grundlegung zur Metaphysik der Sitten* (1785) formulierte er den kategorischen Imperativ: »Handle nur nach derjenigen Maxime, durch die du zugleich wollen kannst, dass sie ein allgemeines Gesetz werde.«

Kant selbst konnte sich nie ganz daran halten, sonst wäre es ein moralisches Gesetz geworden, zu allen Menschen übergroße Distanz zu bewahren. Nur dem Jugendfreund Johann Gottlieb Trummer gestattete er das »Du«, was dem Philosophen aber »überhaupt nicht gefalle«. Eine Liebesbeziehung ist nicht bekannt. Kants Geist war rege und gleichzeitig unbeweglich. Er lehrte auch ein Fach, für das er nie praktische Erfahrungen gesammelt hat: Geografie. Er verließ Königsberg selten. Erholungsreisen, maximal eine Woche, führten zum Forsthaus Moditten, keine zwei Kilometer von seiner Heimat entfernt. Trotz der Sesshaftigkeit sorgte er sich um den Weltfrieden. In *Zum ewigen Frieden* (1795) und der *Metaphysik der Sitten* (1797) entwarf Kant einen auf »Weltbürgerrecht« begründeten »Völkerbund«, der nach der anzustrebenden Beendigung aller Konflikte den Frieden sichern sollte. Erst musste ein Weltkrieg kommen, bevor 1919 in Paris der internationale Völkerbund gegründet wurde. Kants Schriften fanden noch zu Lebzeiten Anerkennung. Goethe und Schiller verehrten das Ideal der Aufklärung, den »Ausgang des Menschen aus seiner selbst verschuldeten Unmündigkeit« als moralisches Wesen, das sich durch vernunftbestimmte Analyse seiner Sinneserfahrungen ein eigenes Urteil bildet. ■

»Zwei Dinge erfüllen mich mit immer neuer und zunehmender Bewunderung und Ehrfurcht, je öfter und anhaltender sich das Nachdenken damit beschäftigt: der bestirnte Himmel über mir und das moralische Gesetz in mir.«

KANT

SEBASTIAN KNEIPP 1821* 1897†

Sebastian Kneipp – Er ist der Begründer der modernen Naturheilverfahren. Seine Wasserkuren und seine Philosophie formten eine Gesundheitsbewegung, die bis heute vielen Linderung und Heilung bringt.

Die Zeitungen schmetterten es in die Welt hinaus: »Feine Damen laufen barfuß in Wörishofen und zeigen vor aller Öffentlichkeit ihre nackten Beine!« Das war eine Sensation! Kutschen kamen in das Dorf im Allgäu, hohe Herrschaften, alte Spießer, schrullige Dämchen. Quietschvergnügt liefen sie im Storchenschritt durch den Mühlbach. Und einige lästerten: »Das ist doch nur eine Verrücktheit! Und schaut euch doch um. Seht ihr nicht die Kranken, Elenden und Zerlumpten in allen Ecken? Bettelarm sind sie, haben sich mit aller Kraft hierher geschleppt, da vergeht einem ja die Lust. Und dieser Pfarrer Kneipp, das ist ein grober Geselle!« Der Pfarrer nahm es gelassen. Er wusste: Seine Lehre ist keine Verrücktheit. Dem Wasser verdankte er sein Leben. Sebastian Kneipp kümmerte sich als Geistlicher nicht nur um die seelische, sondern auch um die körperliche Gesundheit der Menschen. Der »Wasserdoktor« verordnete Wechselbäder, kalte Güsse, Wickel und Wasserlaufen. Bis zu 300 Patienten betreute er am Tag. Von Armen nahm er keinen Kreuzer. Sein Leben widmete er der Bekämpfung von Not und Leid.

1848 **Beginn des Theologiestudiums**
1855 **Beichtvater der Dominikanerinnen in Wörishofen**
1866 **Anzeige wegen Kurpfuscherei**
1886 **Veröffentlichung von *Meine Wasserkur***
1894 **Gründung des Internationalen Vereins Kneipp'scher Ärzte**

Wie hatte er als Knabe davon geträumt, Priester zu werden! Ein guter Mensch hatte dem 22-jährigen armen Weberknecht das Abitur ermöglicht. Kneipp studierte dann in Dillingen und München katholische Theologie. Plötzlich spuckte er Blut. Der Arzt hatte keine Hoffnung, zu viele raffte die Lungentuberkulose hinweg. Das kann, das darf nicht sein! Kneipp war doch kurz vor seinem Lebensziel! Da fiel ihm ein Buch in die Hand – *Unterricht von Kraft und Wirkung des frischen Wassers in die Leiber der Menschen*. Entschlossen rannte der Student eines Nachts im Schnee ans Donauufer. Er riss sich die Kleider vom Leib und stürzte

Robert Koch – Wie kaum ein anderer deutscher Arzt hat er die moderne Medizin geprägt. Er entdeckte die Ursache für verheerende Seuchen und legte den Grundstein zur Bekämpfung von Krankheitserregern.

Der Killer schlich durch ganz Europa, Schleim und Blut brachen aus dem Rachen der Kranken. Millionen raffte die Tuberkulose dahin. Dann, im Frühjahr 1882, lauschte in Berlin eine Gruppe Wissenschaftler einem medizinischen Vortrag. Der Referent war kein guter Redner, er sprach langsam und zögernd. Doch was der stupsnäsige Gelehrte sagte, verschlug allen die Sprache. Robert Koch hatte den Tuberkulosebazillus nachgewiesen und damit den Beweis erbracht, dass nicht falsche Ernährung, Gift oder Pollen in der Luft bestimmte Infektionen verursachen, sondern parasitische Lebewesen! Kaum jemandem außer Robert Koch hätte man so etwas zugetraut. Dieses medizinhistorische Wunder gab endlich Hoffnung, ein wirksames Mittel gegen die Geißel der Menschheit zu finden. Koch hatte der medizinischen Forschung neue Türen geöffnet.

1876 **Entdeckung des Milzbranderregers**
1884 **Nachweis des Choleraerregers**
1890 **Koch stellt das Tuberkulose-Medikament »Tuberkulin« vor**
1891 **Eröffnung des Robert-Koch-Instituts für Infektionskrankheiten**
1905 **Nobelpreis für Medizin**

Binnen weniger Jahre war Koch vom Provinzdoktor zur Lichtgestalt der medizinischen Forschung avanciert. Mediziner war er geworden, nachdem die Bergmannsfamilie dem Jungen den Wunsch, als Entdecker nach Übersee zu gehen, ausgetrieben hatte. Die ärztliche Heilkunst war damals längst ernsthafte Wissenschaft und setzte sich vom Quacksalbertum ab. Den Studenten fasziniert die Forschung. Jede freie Minute ist er im Labor. Sein Lehrmeister ist überzeugt: Es gibt belebte Ansteckungsstoffe. Niemand hat Beweise, doch der Gedanke lässt Koch nicht los. Nach dem Deutsch-Französischen Krieg 1870/71 geht er als Kreisphysikus nach Posen. Hier grassiert der hoch ansteckende Milzbrand. Flugs wird aus der Küche ein Labor, ausgestattet mit Fotoapparat, modernsten chemischen Färbemitteln und optischen Geräten. In Tierkadavern entdeckt Koch unter dem Mikroskop stäbchenförmige Gebilde. Niemand vermutet Seuchenerreger, doch der Besessene will die Stäbchen züchten. Koch entwickelt die Methode, Bakterien auf Nährböden zu züchten, die seitdem in der gesamten bakteriologischen Forschung angewendet wird. Seine Augen weiten sich, als die Stäbchen Sporen bilden. Der Arzt lehnt sich zurück. Inmitten der ostpreußischen Idylle ist ihm die größte Entdeckung auf dem Gebiet der Mikroorganismen gelungen. Er hat Lebewesen als Erreger einer Infektionskrankheit nachgewiesen und seine Berufung gefunden. Fortan widmet sich Koch der Untersuchung und Bekämpfung ansteckender Krankheiten.

Im Kaiserlichen Gesundheitsamt weitet Koch seine Kunst aus. 1882 entdeckt er den Tuberkuloseerreger. Im Jahr darauf ruft ihn die britische Regierung nach Indien, wo eine Choleraepidemie wütet. Auch deren Erreger spürt Koch auf; durch Wasserfiltration wird er eingedämmt. Dank dieser Erfahrungen kann im Jahr 1892 die große Choleraepidemie in Hamburg schnell eingedämmt werden. Der Entdecker wird Direktor des Berliner Universitäts-Instituts für Hygiene. Als in Frankreich sein Rivale Louis Pasteur mit dem Impfstoff gegen Tollwut auftrumpft, packt ihn der Ehrgeiz. Er schließt sich im Labor ein und experimentiert. Die preußische Regierung kennt sein Geheimnis, drängt zur Bekanntgabe. Und so präsentiert er der Welt sein Tuberkulose-Medikament. Als das falsch dosierte Tuberkulin Menschenleben fordert, folgt der weltweiten Euphorie Bestürzung. Sehr schnell jedoch erweist sich das Mittel als unentbehrlicher Grundstein im Kampf gegen die Tuberkulose, als Basis für Immunitäts- und Allergieforschung. Weltweit, etwa in Ägypten, einigen afrikanischen Staaten oder in Indonesien, erforscht Koch nun die tödlichen Erreger von Pest, Malaria und Schlafkrankheit und rettet durch seine Arbeit Tausenden von Menschen das Leben. 1905 wird der Gelehrte mit dem Nobelpreis geehrt. Der Bakteriologe hat gezeigt, welch unermessliche Bedeutung ein zunächst rein wissenschaftliches Arbeitsfeld für die Medizin besitzt. Das renommierteste deutsche Institut für Infektionskrankheiten trägt heute zu Recht den Namen Robert-Koch-Institut. ■

»Ich wünsche, dass im Kriege gegen die kleinsten, aber gefährlichsten Feinde des Menschengeschlechts eine Nation die andere immer wieder überflügeln möge.« KOCH

Helmut Kohl 1930*

■ **Helmut Kohl – Als er 1982 Kanzler wurde, stand seine Popularität im Schatten seines Vorgängers. Tatsächlich aber sollte er zum Protagonisten einer welthistorischen Wende werden. Kohl ist der »Kanzler der deutschen Einheit«.**

Sein Machtzentrum war die Partei, an deren Spitze er sich regelrecht emporgerackert hatte. 1930 in Ludwigshafen-Friesenheim als Sohn eines Finanzbeamten geboren, trat er schon als Jugendlicher in die neu gegründete CDU ein. Bald wurde er Abgeordneter. Nachdem er als »junger Wilder« 39-jährig das Ministerpräsidentenamt in Rheinland-Pfalz erobert hatte, krempelte er das eher rückständige Bundesland mit durchgreifenden Reformen um. Dann schwor er die Bundes-CDU auf sich ein, wurde 1973 ihr Vorsitzender und erzielte drei Jahre später als 46-jähriger Kanzlerkandidat fast die absolute Mehrheit (48,6 Prozent der Stimmen) für die Union. Doch erst 1982 wurde er schließlich Bundeskanzler der christlich-liberalen Koalition. Gemeinsam mit Hans-Dietrich Genscher setzte Kohl den Nato-Doppelbeschluss durch. Die Konjunktur sprang wieder an – die Arbeitslosigkeit blieb freilich hartnäckig hoch. Am Ende der zweiten Legislaturperiode herrschte Stagnation, es gab miserable demoskopische Werte und Konflikte mit den Partnern CSU und FDP. In der Partei, die für Kohl immer eine zweite Heimat war, wollten Gegner ihn vom Thron des Vorsitzenden stürzen. Kaum jemand rechnete mehr mit seinem Sieg bei den Wahlen 1990.

1969–1976 **Ministerpräsident von Rheinland-Pfalz**
1982 **Kohl wird Kanzler der Bundesrepublik**
1990 **Deutsche Einheit**
1998 **Ende der Amtszeit als Bundeskanzler; Kohl bleibt Abgeordneter des Deutschen Bundestags (bis 2002)**
1998 **Ehrenbürger Europas**
2001 **Einstellung des Parteispendenverfahrens gegen Zahlung von 300 000 DM; Freitod Hannelore Kohls**

Doch dann kam Kohl die Geschichte zu Hilfe. »Glasnost« und »Perestroika« sorgten für Umwälzungen in Europa, der Fall der Mauer versetzte der Nachkriegsordnung schließlich den Todesstoß. Die Aussicht auf die Einheit der Deutschen gab dem Kanzler eine neue Perspektive.

Er ergriff die Initiative und war plötzlich wieder Herr der politischen Lage. Kohl trieb die Wiedervereinigung innen- als auch außenpolitisch voran – vielen Bedenkenträgern zum Trotz. Die Bilder vom 3. Oktober 1990, vom Tag der deutschen Einheit, gingen um die Welt. Es war der Höhepunkt seiner Karriere und der Beginn einer neuen Kanzlerschaft. Erst war er Kanzler der »alten«, dann der geeinten Bundesrepublik. Die Probleme der inneren Vereinigung holten Kohl jedoch bald ein. Wieder suchte er sein Glück in der Außenpolitik. Nach der deutschen wollte Kohl auch die europäische Einigung vorantreiben und machte die Einführung des Euro mit Erfolg zur Chefsache. Bei den Bundestagswahlen 1998 jedoch wurde seine Regierung abgewählt. Der Machtwechsel nach 16 Jahren erfolgte unter vielstimmigem Lob für den Altkanzler. Schon bald wurde er zum »Ehrenbürger Europas« ernannt und erfreute sich wachsender Beliebtheit. Manche Medien sprachen schon von einem Kohl-Revival – bis zur Spendenaffäre. Der Paukenschlag kam via Fernsehen: »Ich habe Spenden entgegengenommen in einem Umfang zwischen 1993 und 1998, der zwischen anderthalb bis zwei Millionen Mark liegt, ... die nicht angegeben wurden, weil die Spender ausdrücklich darum gebeten haben, dass sie nicht angegeben werden.« Der ganze Vorgang, vor allem aber sein beharrliches Schweigen stürzte die CDU in ihre schwerste Krise, die ehemalige Opposition witterte allenthalben Korruption – wofür jedoch keine Belege gefunden wurden.

»Dinge aussitzen tut nur ein Trottel. Niemand ist entscheidungsfreudiger als ich.« KOHL

»Keiner dachte, dass er lange regiert«, sagte einmal der Journalist Ernst Dieter Lueg. Doch Kohl gehört zu den glücklichen Regierenden, die in einer Epoche starteten und in einer anderen landeten – wie Bismarck und Adenauer. Der volkstümlichste aller Kanzler, dessen Vaterlandsbegriff die Pfalz genauso umfasst wie Deutschland und Europa, bekam die Chance, das geteilte Land und Europa zu einen. Der Schlüssel zur Wiedervereinigung lag bei den Bürgern der DDR, in Washington und Moskau. Kohl nutzte dabei nicht nur Spielräume aus, sondern war wesentlicher Akteur des Geschehens. Die Tür zur Einheit stand nur einen Spalt offen – dass es Kohl, der Patriot, war, der den »Mantel der Geschichte« ergreifen durfte und ergriff, ist ihm nicht zu nehmen. ■

Adolph Kolping 1813* 1865†

Adolph Kolping – Er war Sozialreformer, Seelsorger, Publizist und Wegbereiter der katholischen Sozialbewegung. Sein Gesellenverein für heimatlose Handwerker und Arbeiter war die Keimzelle einer weltweiten Bewegung.

»Schätze sich jeder glücklich, der nie so etwas sah und hörte, der nie mit solchen Menschen in Berührung kommt«, schrieb der junge Adolph Kolping angewidert, »unter dieser Volkshefe konnte ich nicht sitzen bleiben, nicht mein ganzes Leben verkümmern lassen.« Kolpings Urteil über seine Standesgenossen, die Handwerksgesellen, fiel nicht besonders freundlich aus. Als viertes Kind eines Schäfers wuchs er in sehr bescheidenen Verhältnissen auf. Bereits mit 13 Jahren musste er sein Dasein als Schuhmacher fristen und wie andere Gesellen von Ort zu Ort wandern. Was er in dieser entbehrungsreichen Zeit erlebte, prägte ihn zutiefst. Mit 23 Jahren fasste er den Entschluss, dem ungeliebten Leben zu entfliehen, eine höhere Schule zu besuchen und Priester zu werden. Trotz Krankheit und der ständigen Sorge um das Geld absolvierte Kolping das Marzellengymnasium in Köln in nur vier Jahren, um anschließend in München und Bonn Theologie zu studieren. Danach besuchte er das Kölner Priesterseminar und wurde am 13. April 1845 in der Minoritenkirche zum Priester geweiht. Als Kaplan und Religionslehrer schickte man ihn in die Industriestadt Elberfeld im Wuppertal. Dort fand er sich in genau dem Milieu wieder, dem er entronnen zu sein glaubte. Eine Begegnung mit dem Gründer des katholischen Gesellenvereins Elberfeld, Johann Georg Breuer, veränderte allerdings seine ablehnende Haltung: »... der Handwerksstand, endlich der Arbeiterstand überhaupt, ist im Grunde besser, als man gewöhnlich glaubt.« In Breuers Gesellenverein hatten sich junge Handwerker zu gemeinsamer Bildungsarbeit und geselligem Beisammensein zusammengeschlossen. Kolping, der ja selbst

1845 **Priesterweihe in Köln**
1845–1849 **Kaplan in Elberfeld**
1849 **Domvikar in Köln und Gründung des Katholischen Gesellenvereins in Köln**
1862 **Päpstlicher Geheimkämmerer**
1991 **Seligsprechung durch Papst Johannes Paul II.**

lange Jahre Erfahrungen im Handwerk gesammelt hatte, war erschüttert über die Arbeits- und Lebensbedingungen: die Arbeiter seien zu Sklaven der Fabriken verkommen, das große Kapital lasse sie »kaum am Leben nippen«. Diese Äußerung Kolpings hätte auch von Karl Marx stammen können, der zur selben Zeit mit Friedrich Engels in Elberfeld und Köln tausende von Anhängern um sich scharte. Für einen katholischen Priester waren dies dagegen höchst progressive Worte.

Kolpings Engagement richtete sich fortan »gegen die zunehmende Verelendung der Arbeiterklasse«. 1849 zum Domvikar in Köln berufen, gründete er im selben Jahr den Katholischen Gesellenverein, Keimzelle der »Kolpingfamilie«. Er errichtete ein Wohnzentrum, in dem besonderer Wert auf Gemeinschaft und Weiterbildung gelegt wurde. Verein und Hospiz sollten ersetzen, was den jungen Menschen auf dem Weg zum »tüchtigen Bürger« fehlte: ein gesundes Familienleben. Die verarmten Gesellen, die er bei sich aufnahm, waren in den Augen mancher Bürger nur »Abschaum der Gesellschaft«. Im Kolpinghaus fanden sie eine Heimat. Kolping wollte »tüchtige Christen und Geschäftsleute« aus ihnen machen, Hilfe zur Selbsthilfe bieten. Eigenverantwortung und Solidarität waren Grundprinzipien der Gemeinschaft. Ein solches Denken war im 19. Jahrhundert revolutionär und nicht nur für die Kirche richtungsweisend.

»Was hilft das Klagen, was hilft das Seufzen bei dem Übel, wenn nicht Hand angelegt wird, es zu verhüten?« KOLPING

Beseelt von der Idee, den Menschen aus ihrer Not zu helfen, reiste der Seelsorger unermüdlich durch Europa, hielt Vorträge und sorgte für die Vergrößerung seiner »Kolpingfamilie«. Als er 1865 starb, gab es in Europa und Nordamerika über 220 Vereine mit 60 000 Mitgliedern. Sein Werk war für die Katholische Kirche ein wichtiger Impuls, sich der Arbeiterfrage zu widmen. Bischof Wilhelm Emmanuel von Ketteler griff als Erster Kolpings Ansatz wieder auf und formulierte erstmals Arbeiterrechte seitens der Kirche. Papst Leo XIII. ließ sich 1891 in seiner Sozialenzyklika *Rerum Novarum* von Kolpings Ideen inspirieren. Hundert Jahre später sprach Johannes Paul II. den Sozialreformer selig. Kolpings Werk ist heute in über fünfzig Ländern vertreten. Gerade in der Dritten Welt findet sein Prinzip der Hilfe zur Selbsthilfe großen Anklang. ■

Peter Kraus 1936*

■ **Peter Kraus – Der deutsche Elvis der Fifties. Bei seiner Musik gerieten Teenager ins Träumen, ganz Deutschland tanzte zu seinen Schlagern. Die Zahl seiner Hits wird nur übertroffen von der Zahl seiner Comebacks.**

Die Bilder sind Schwarzweiß, der Sound nicht gerade das Gelbe vom Ei. Da steht ein schlaksiger Milchbubi auf der Bühne, das Haar scharf gescheitelt, der Anzug sitzt zu eng, der schwarze Schlips ist schmal wie eine Lakritzstange – der ganze Typ wirkt wie aus der Oberprima-Tanzstunde entlaufen. Dann legt die Kapelle los, die Musik fetzt, der jugendliche Sänger fordert ein Fräulein namens »Sugar Baby« auf, doch lieb zu ihm zu sein, und dann, mitten im Lied, beginnt der Kerl am ganzen Leib zu zappeln, als hätte man ihm Elektroschocks versetzt. Die Herren im Orchester, der Conferencier, alle machen ungläubig-amüsierte Gesichter, während der Sänger wie ein Derwisch hin- und herhüpft und aus dem Publikum ein bislang unerhörtes Geräusch schrillt: Backfische kreischen! Peter Kraus – seit seinem ersten Bühnenauftritt 1957 der »deutsche Elvis«, Idol einer aufmüpfigen Jugend, die endlich ihre eigene Musik will und bekommt. Der gebürtige Münchner wird für die deutschen Teenager, was Cliff Richard für England, Johnny Halliday für Frankreich und Adriano Celentano für Italien ist: die nationale Stimme des Rock 'n' Roll. Sein Schluckauf-Gesang gehört fortan zur Adenauer-Ära wie Schmalztolle, Nierentisch und Petticoat – der Soundtrack zur Pubertät der Republik.

1954	**Erste Filmrolle in *Das fliegende Klassenzimmer***
1959	**Goldener Löwe von Radio Luxemburg**
1960	***Conny und Peter machen Musik***
1984	**Kino-Comeback mit *Tausend Augen***
1989	**Bühnen-Comeback**
1996	**Vierzigjähriges Bühnenjubiläum**

Als der Zwanzigjährige 1959 für »Sugar Baby« den Goldenen Löwen von Radio Luxemburg erhielt, hatte er schon drei Filme gedreht und 15 Hit-Singles herausgebracht. Und er hatte geschafft, was nach ihm erst wieder den Rolling Stones gelang: 1958 machten wild gewordene Fans das Gestühl der Berliner Waldbühne zu Kleinholz. »Ist unsere Kultur bedroht?«, fragte damals die *Neue Zürcher Zeitung* besorgt. Keineswegs, denn Peter Kraus trug sein Halbstarken-Image mit Anstand: Dieser fesche

Rocker kam durchaus als Schwiegersohn in Frage, gewann die Herzen der Söhne und Töchter, ohne die Eltern zu verschrecken. *Alle lieben Peter* – der Filmtitel spricht Bände, die Zahl der verkauften Platten ebenfalls (drei Millionen in vier Jahren). Doch Mitte der Sechziger kam für den charmanten Rebellen, der täglich bis zu 900 Liebesbriefe erhalten hatte, der jähe Absturz: Vier Burschen aus Liverpool stahlen ihm die Show, gegen die Beatles war der deutsche Elvis chancenlos. Seine Tage als Teenageridol waren vorbei, nicht aber seine Tage als Unterhaltungsprofi. Vater Fred, selbst ein alter Show-Hase, hatte dafür gesorgt, dass der Sohn eine Ausbildung zum Allround-Talent bekam: Abitur, Gesangs-, Tanz- und Schauspielunterricht. Davon profitierte Kraus jetzt, baute sich in zäher Arbeit neue Karrieren als Theaterschauspieler, TV-Star, Autor, Produzent und Regisseur auf. 1989 dann das fulminante Comeback auf der Konzertbühne: Die Retro-Revue »Vorwärts in die Fifties« katapultierte ihn zurück in die Top Ten der deutschen Live-Entertainer. Heute kommen die Backfische von damals mit ihren Kindern und Enkeln in seine Konzerte. Der Pakt, den er mit seinem Publikum geschlossen hat, ist zum Generationenvertrag geworden.

»Ich bin wirklich kein Nostalgiker, der an alten Zeiten hängt. Aber für mich ist Rock 'n' Roll zeitlos – Rock 'n' Roll wird es immer geben.«

Kraus

Peter Kraus hat viereinhalb Jahrzehnte lang deutsche Pop- und Zeitgeschichte mitgeschrieben. In der Ausstellung des Bonner Hauses für Geschichte zum fünfzigjährigen Bestehen der Bundesrepublik hingen neben Willy Brandts Nobelpreis-Urkunde und DDR-Fünfjahresplänen auch Schallplatten von Peter Kraus. Seine durchgetanzten Stepper stehen im Deutschen Museum für Schuhproduktion und Industriegeschichte neben den Schuhen von Thomas Gottschalk und Helmut Kohl. Doch der Mann selbst ist alles andere als museumsreif. Er hält nichts davon, eine alte Kopie des jungen Peter zu sein, spielt nicht den nostalgischen Rock-Opa und tourt als lebendes Fossil durch die Lande, sondern schlägt eine Brücke zwischen Vergangenheit und Gegenwart: 2001 verblüffte er die Fans mit einer Rap-Version von »Sugar Baby«. Im Vergleich zu 1959 erkannte die *FAZ* »keine sichtbaren Korrosionserscheinungen«. Die Titel seiner letzten CDs sind programmatisch: *Ich mach weiter, Zeitlos.* ■

Karl Lagerfeld 1938*

James Last 1929*

■ **James Last – Seit über vier Jahrzehnten tourt er mit seiner Big Band durch die Welt. Mit über 80 Millionen verkauften Tonträgern gehört der König der sanften Klänge zu den erfolgreichsten deutschen Musikern.**

Sein Orchester findet die Einsätze auch ohne ihn. Aber ohne ihn ist das Orchester nichts. Der Fuß in Lackslippers – nur leicht aufgesetzt – steppt den Rhythmus. Den rechten Arm abgewinkelt, die Hand locker aufgestellt, schnippen Daumen und Mittelfinger den Takt. Abba, die »Schützenliesel«, Elvis, Wiener Walzer, »Pomp and Circumstances«, Kylie Minogue oder »Alle Vögel sind schon da« – alles klingt wie aus einem Guss: sanft und doch peppig, beschwingt und hemmungslos harmonisch. »Ich bin nur so etwas wie der Zeremonienmeister«, sagt James Last bescheiden, »der Star ist doch das Orchester.« Die Fans aber sind wegen ihm, dem grauhaarigen Gentleman im Smoking, gekommen. Er hat dem Orchester seinen unverwechselbaren Sound gegeben. Geboren als Hans Last in Bremen hatte der Sohn eines Gasablesers von Kindesbeinen an den Wunsch, Musiker zu werden. Bereits als Sechsjähriger erhielt er Klavierunterricht. Ab 1943 besuchte er die Heeresmusikschule Bückeburg, wo er an Bass und Klavier ausgebildet wurde. Nach Kriegsende trat er in amerikanischen Swing- und Jazzclubs auf und ließ sich seine Auftritte am Bass mit Butter, Zigaretten und Schokolade bezahlen. Anstellungen beim Orchester des amerikanischen Senders AFN, beim Tanz- und Unterhaltungsorchester von Radio Bremen und im NWDR-Tanzorchester in Hamburg machten ihn bundesweit bekannt. Bereits 1950 wählten ihn Fachjournalisten zum besten Jazzbassisten der Republik. Als er 1964 bei der Hamburger Polydor unterschrieb, begann seine Weltkarriere als Orchesterleiter. Aus »Hansi« wurde James, weil die Plattenfirma den neuen Namen »internationaler« fand. Bereits mit der ersten Platte – »Non Stop Dancing« – stürmte er die Charts. Nachgespielte Hits, unterlegt mit Par-

1956	**Erste Orchesterarbeiten für den Rundfunk**
1968	**Auszeichnung »Orchester des Jahres«**
1988	**Umzug nach Coral Springs in Florida**
1998	**»Goldene Europa« für den erfolgreichsten Orchesterchef aller Zeiten**
2002	**Tournee durch China**

tygeräuschen und Gelächter, brachten Stimmung in muffige Keller, deren größte Attraktion bis dahin Käsepicker und Südseetapeten gewesen waren. Seine Arrangements überstanden in den kommenden Jahrzehnten alle Stilwechsel der Popkultur. In Zeiten kreischender Rocksongs und wummernder Beats arrangierte Last Pophits, Klassik und Volksmusik zu sanften Instrumentalversionen um. Die Fans lieben ihn, ob für seine Tanzklänge oder die TV-Titellieder. Ganz oben in der Hitliste unvergessener Fernsehmelodien: »Das Traumschiff«. Lasts Tourneen führten ihn rund um die Welt, die Zahl der Konzertbesucher geht in die Millionen. Auch als Komponist hatte er Erfolg. Dass der Elvis-Hit »Fool« aus seiner Feder stammt, wissen nur die wenigsten. Er selbst hat sich neuen Musikrichtungen nie verschlossen, ist bekennender Fan von Hardrockkollegen wie Deep Purple und Nirvana. Sogar die Rapper »Fettes Brot« lud er in sein Studio ein und schrieb mit ihnen einen Hit.

Trotzdem rief die Musik von James Last von Anfang an die Kritiker auf den Plan. Als »Orchesterzampano« und »Karajan des kleinen Mannes« wurde er verspottet. Seine Arrangements seien nichts als »Fahrstuhlmusik« oder »akustischer Milchbrei«. Doch Last nahm Kritik immer gelassen zur Kenntnis. Er sei ein von Grund auf positiver Mensch, könne sich kaum an einen Tag erinnern, an dem er schlecht gelaunt aufgewacht sei. Der »Happy Sound« seiner Band sei Ausdruck von Lebensfreude, alle Musikstile und Richtungen dieser Welt würden sich dafür eignen. Dass er sich fast ausschließ-lich der Werke anderer bedient, gibt er gern zu. Er bewundere die Musikerkollegen, deren Lieder er mit seinem Orchester spiele, und wolle das in seinen Versionen ihrer Hits zum Ausdruck bringen.

»Der liebe Gott hat mir die Gabe gegeben, das aufzuschreiben, was ich fühle – und das fühlen Millionen von Menschen auch.« LAST

Was Kritiker akustischen Graus schimpfen, ist für seine Fans wohltuende Harmonie in einer hektischen Welt. In der »Easy Listening«-Welle der neunziger Jahre eroberte James Last Fans in der nunmehr dritten Generation. Mit mehr als 200 goldenen und über einem Dutzend Platin-Schallplatten könnte sich der Senior gelassen in seiner Villa in Florida zur Ruhe setzen. Doch die taktgebende Hand schnippt und swingt weiter: »Andere machen eine Kur, ich gehe lieber auf Tour.« ■

Otto Lilienthal 1848* 1896†

Otto Lilienthal – Der Begründer der experimentellen Aerodynamik erfüllte sich den Traum vom Fliegen. Als Pionier des Flugzeugbaus war der Ingenieur und Forscher der erste fliegende Mensch.

In hellen Sommernächten des Jahres 1862 trugen zwei Brüder ein Holzgestell auf eine Anhöhe in Anklam. Der 14-jährige Otto legte die flügelähnliche Apparatur an und rannte, die Arme wie ein Vogel auf- und abschlagend, den Hügel hinunter. Er wollte durch die Luft gleiten, so wie er es bei den Störchen beobachtet hatte – und landete immer wieder nur auf dem Bauch. Doch er träumte weiter vom Fliegen und arbeitete mit seinem jüngeren Bruder Gustav an der Erfüllung ihres Traumes. Mit 18 Jahren begann Otto Lilienthal ein Praktikum in einer Berliner Maschinenfabrik. Es folgten ein Mechanik- und Maschinenbaustudium sowie Tätigkeiten bei verschiedenen Maschinenbaufirmen. Die Brüder Lilienthal entwickelten den Ankersteinbaukasten, ein erfolgreiches Kinderspielzeug. 1881 gründete Otto ein eigenes Unternehmen, in dem er Dampfkessel und -maschinen baute. Seinen Start in Berlin, wo er als »Schlafbursche« sein Bett mit drei Männern teilen musste, hatte er nicht vergessen. Als Unternehmer engagierte er sich in sozialen Fragen, auch aus ökonomischem Eigennutz: »Um das Interesse meiner Arbeiter an dem Geschäftsbetriebe zu heben, beabsichtige ich, eine Betheiligung derselben am Reingewinn des Geschäfts.« Deshalb führte er 1890 eine Gewinnbeteiligung in Höhe von 25 Prozent für seine Arbeiter ein. Als Ingenieur entwickelte er Maschinen für den Bergbau, doch seine wahre Leidenschaft galt dem Fliegen. Unter den 24 Patenten, die er angemeldet hatte, waren auch vier, die sich mit dem Traum seiner Kindheit beschäftigten.

1867	**Erste Forschungsarbeiten zum Fliegen**
1881	**Gründung der Maschinenbaufabrik**
1889	**»Der Vogelflug als Grundlage der Fliegekunst«**
1891	**»Derwitzer Apparat«, das erste manntragende Flugzeug der Welt**
1893	**Lilienthal fliegt über 250 Meter weit**

Parallel zum Beruf widmete sich Otto Lilienthal dem Fliegen. Er hatte systematische Versuche zur Messung des Auftriebs durchgeführt und die Grundlagen der Aerodynamik an Drachen und Flugmodellen studiert. Sein Vorbild: die Vögel, vor allem die Störche. Sein Fazit nach zwanzig Jahren Forschung: »Alles Fliegen ist Erzeugen von Luftwiderstand, alle Flugarbeit ist Überwinden von Luftwiderstand.« Das Ergebnis seiner theoretischen Arbeit legte er 1889 in Buchform vor. »Der Vogelflug als Grundlage der Fliegekunst« wurde schnell zum Standardwerk. Erst jetzt folgte die Konstruktion von so genannten manntragenden Flugapparaten. Die Fachwelt verschlang seine Vorträge, Flugpioniere aus der ganzen Welt besuchten ihn in Berlin. Die Vorführungen seiner Flugmaschinen erregten das Interesse der Öffentlichkeit. Er experimentierte mit verschiedenen Tragflügelkonstruktionen und entwickelte 18 Modelle, die nichts mehr mit dem »Flugapparat« seiner Kindheit gemein hatten. Waren es 1889 noch »Steh- und Laufübungen«, so folgten bald Sprungübungen von einem Brett im eigenen Garten. Im Sommer 1891 war es dann soweit. Mit dem »Derwitzer Apparat« stellte Lilienthal das erste Gleitfluggerät vor, das einen Menschen tragen konnte. Die Konstruktionen wurden immer ausgefeilter. Mit dem 1893 entwickelten Maihöhe-Rhinow-Apparat gelang Lilienthal ein Flug von fünfzig Metern. Und von einem aufgeschütteten »Fliegeberg« in Berlin-Lichterfelde flog er von Rekord zu Rekord. Er war der erste Mensch, der nach einem Flug von über hundert Metern wieder wohlbehalten landete. Auch wenn seine Konstruktionen nachgebaut wurden – 1894 ging der »Normalsegelapparat« in Serie –, war es der geniale Konstrukteur, der den weitesten Flug absolvierte: 250 Meter. Otto Lilienthal hatte sich den Traum seiner Kindheit erfüllt.

»Dieser anstrengungslose Flug der Vögel spornt uns immer wieder an, die Lösung der Flugfrage zu versuchen.« LILIENTHAL

Nach mehr als 2000 Gleitflügen mit sagenhaften Weiten schien es, als beherrsche er den Wind. Ein Irrtum. Am 9. August 1896 startete Lilienthal in den Rhinower Bergen mit einem selbst gebauten Normalsegelapparat zu einem Gleitflug. Eine Böe erfasste seinen Fluggleiter, der nicht mehr zu steuern war. Lilienthal stürzte zu Boden. Am nächsten Tag erlag er seinen Verletzungen. Doch sein Traum lebte weiter. Verwirklicht haben ihn andere Pioniere, die wie die Gebrüder Wright auf Motorkraft setzten. Moderne Fluggeräte aber fliegen nach den Gesetzen der Aerodynamik, die Lilienthal als erster systematisch erforscht hatte. ■

Martin Luther 1483* 1546†

Martin Luther – Er kämpfte für die Freiheit des Glaubens und begründete die protestantische Lehre. Seine Übersetzung der Bibel ermöglichte einer breiten Bevölkerungsschicht Zugang zum Wort Gottes.

Die Stimmung war gespannt, als der Mönch und Doktor der Theologie, Martin Luther, an jenem Abend des 18. April 1521 in den überfüllten Versammlungssaal des Reichstages von Worms geführt wurde. Der junge Kaiser Karl V. hatte den vom Papst wegen seiner ketzerischen Schriften Gebannten vorgeladen, um ihm Gelegenheit zu geben, vor dem Kaiser und den Herren des Heiligen Römischen Reiches Deutscher Nation seiner »Irrlehre« abzuschwören. Kaum hatte Luther begonnen, seine Schriften zu verteidigen, wurde er barsch unterbrochen: ob er nun widerrufen werde, ja oder nein? Mit fester Stimme gab Luther eine Antwort, die seitdem sicherlich tausendfach zitiert wurde: »Wenn ich nicht mit den Zeugnissen der Heiligen Schrift oder mit klaren und hellen Gründen überzeugt werde – denn dem Papst und den Konzilien allein glaube ich nicht, weil es feststeht, dass sie sich oft geirrt und auch selbst widersprochen haben –, so bin ich gebunden durch die Worte der Schrift, die ich angeführt habe; mein Gewissen ist gefangen im Worte Gottes. Widerrufen kann und will ich nicht, denn es ist weder gefahrlos noch redlich, gegen das Gewissen zu handeln. Gott helf mir, Amen.«

1505	**Eintritt in das Kloster der Augustinereremiten in Erfurt**
1512	**Theologie-Professur in Wittenberg**
1517	**Veröffentlichung der 95 Thesen**
1521	**Endgültiger Bruch mit der katholischen Kirche; übersetzt das Neue Testament**
1525	**Heirat mit Katharina von Bora**

Der Streit, der zu Luthers Vorladung führte, hatte im Herbst 1517 begonnen. Luther war mit 95 Thesen an die Öffentlichkeit getreten, mit denen er gegen einen dreisten Fall von Ablasshandel protestieren wollte: Papst Leo X. hatte den Gläubigen den Erlass ihrer Sünden angeboten – gegen eine satte Spende zum Bau des Petersdoms in Rom. Luthers Thesen, die dank des Buchdrucks in Windeseile verbreitet wurden, lösten einerseits einen Sturm der Entrüstung, andererseits eine Welle der Zustimmung aus. Der Theologe wurde zum Führer einer breiten Bewegung, die seit langem eine Reform der Kirche und des verweltlichten Papsttums forderte. Doch Luther ging noch weiter: Schritt für Schritt entwickelte er sich vom Kritiker zum Gegner der römischen Kirche. Er erklärte Papsttum und Konzile zu menschlichen Institutionen, die sich ohne biblische Grundlage angemaßt hätten, als Mittler zwischen Gott und die Menschen zu treten. Er leugnete die Unfehlbarkeit des Papstes und sprach allein der Bibel Autorität zu. Damit rüttelte er am Fundament der alten Einheitskirche – eine Spaltung war nur noch eine Frage der Zeit. In den Jahrzehnten nach dem Wormser Reichstag trat die neue Lehre Luthers, der Protestantismus, ihren Siegeszug durch Nordeuropa an. Der größere Teil des Deutschen Reiches, Skandinavien und England fielen vom Papst ab. Überall wurden Bistümer und Klöster aufgelöst, die katholische Einheitskirche durch Landeskirchen ersetzt, an deren Spitze mit Billigung Luthers der jeweilige Landesfürst trat. Diese kirchliche Neuordnung ist freilich auch kritisiert worden. Sie habe Deutschland gespalten, die Macht der Landesherren auf Kosten der Einheit des Reiches gestärkt. Außerdem habe Luther die Glaubensfreiheit des Einzelnen, die er gegenüber dem Papst einforderte, der noch engeren Kontrolle durch das landesherrliche Kirchenregiment ausgeliefert. Ja, mit seiner Autoritätsgläubigkeit, die sich besonders in seiner polemischen Verdammung des großen Bauernaufstands (1524–1526) gezeigt habe, sei er mitverantwortlich für den unheilvollen deutschen Untertanengeist.

»Ein jeder handle so, als wollte Gott eine große Tat durch ihn vollbringen.« Luther

Diese Kritik greift in vielem zu kurz. Luther wollte die Kirche nicht spalten, sondern reformieren und die Wahrheit des Evangeliums wieder ans Licht bringen. Dabei dachte er anders als der moderne Mensch: Nicht das diesseitige Glück, sondern das Seelenheil des Einzelnen vor Gott war ihm wichtig. Gleichwohl ist das moderne Deutschland ohne ihn nicht denkbar. Da die Bibel für ihn die einzige Autorität in Glaubensfragen war, wollte er sie jedermann zugänglich machen und übersetzte sie ins Deutsche. Der Reformator erwies sich dabei einmal mehr als genialer Schriftsteller und Wortschöpfer und schuf eine gesamtdeutsche Hochsprache. Er forderte und förderte die Bildung des Volkes und legte damit das Fundament für die moderne Wissensgesellschaft. ■

Rosa Luxemburg 1871* 1919†

■ **Rosa Luxemburg – Sie galt als Vordenkerin der kommunistischen Bewegung. Ihre leidenschaftliche Forderung nach Demokratie und Meinungsfreiheit machte sie zur »Schutzpatronin« der inneren Gegner des real existierenden Sozialismus.**

In der Zelle des Breslauer Gefängnisses sammelte sie begierig alle Nachrichten aus Russland. Wegen Agitation für den Frieden und eine sozialistische Weltrevolution hatte man die 47-Jährige zwischen 1915 und 1918 in »Schutzhaft« genommen. Harte, bange Jahre des Wartens, während das alte Europa im Ersten Weltkrieg, der »Urkatastrophe des 20. Jahrhunderts«, unterging. Rosa Luxemburg zweifelte. Sollte der Traum ihres Lebens so in Erfüllung gehen? Sie hatte im November 1917 die Machtergreifung der Bolschewiki unter Lenins Führung begrüßt. Mehr und mehr verstörten sie jedoch Berichte über den blutigen Terror, mit dem die neuen Machthaber in Russland die »Diktatur des Proletariats« durchsetzten. Im Gefängnis schrieb sie: »Freiheit nur für die Anhänger der Regierung, nur für die Mitglieder einer Partei – mögen sie noch so zahlreich sein – ist keine Freiheit. Freiheit ist immer Freiheit der Andersdenkenden. Nicht wegen des Fanatismus der Gerechtigkeit, sondern weil all das Belebende, Heilsame und Reinigende der politischen Freiheit an diesem Wesen hängt und seine Wirkung versagt, wenn die Freiheit zum Privilegium wird.«

1897 **Promotion in Nationalökonomie**
1898 **Eintritt in die SPD**
1906 **Teilnahme an der ersten russischen Revolution, kurze Haft**
1915–1918 **Gefängnishaft**
1918 **Aktivistin des Spartakus**
1919 **Aufstand gegen die Regierung Ebert; Ermordung**

Als Tochter eines wohlhabenden jüdischen Kaufmanns besuchte Rosa Luxemburg ein Gymnasium in Warschau, das damals zum russischen Zarenreich gehörte. Dort schloss sich die kaum 17-Jährige nach dem Abitur einer marxistischen Untergrundbewegung an und floh nach deren Aufdeckung 1889 in die Schweiz. Nach Studium und Promotion an der Universität Zürich übersiedelte sie 1898 nach Berlin, um in die SPD einzutreten, die damals führende sozialistische Partei Europas.

Den nötigen deutschen Pass erwarb sie mithilfe einer Scheinehe – ihrem Herzen nach war die »jüdische Polin mit russischem Pass«, die perfekt Deutsch, Russisch und Polnisch sprach, ohnehin kosmopolitisch und ersehnte einen Sieg des Proletariats über alle Grenzen hinweg. Als Publizistin und Rednerin machte sie sich schon bald einen Namen. Auf dem linken Flügel der SPD focht sie leidenschaftlich gegen die rechten »Revisionisten«, die die marxistischen Parolen von Klassenkampf und Revolution über Bord werfen und die SPD als demokratisch-soziale Reformpartei etablieren wollten. Auf internationalen Kongressen widersprach sie Lenin, der die Revolution der Massen durch eine straff geführte Elitepartei organisieren wollte. Rosa Luxemburg hingegen glaubte fest an die Fähigkeit der Masse, sich selbst zu organisieren.

Der Realitätstest für ihre Ideen kam im November 1918, als eine aus der militärischen Niederlage geborene Revolution das deutsche Kaiserreich hinwegfegte. Zusammen mit Karl Liebknecht übernahm Rosa Luxemburg die Leitung des ultralinken Spartakusbundes, der sich am 31. Dezember als Kommunistische Partei Deutschlands konstituierte. Sie war für eine Teilnahme der KPD an der Wahl zur Nationalversammlung, wollte in der parlamentarischen Demokratie mitarbeiten und die Massen zur Revolution erziehen. Als wenige Tage später radikale Parteifreunde mit Liebknecht an der Spitze die »Diktatur des Proletariats« sofort und mit Waffengewalt erzwingen wollten, unterstützte Luxemburg die Putschisten – gegen ihre eigenen Prinzipien. Nach der Niederwerfung des Aufstands wurde sie am 15. Januar 1919 festgenommen und ermordet. Ihre Mörder warfen die Leiche in den Landwehrkanal. Erst Monate später wurde sie entdeckt und auf dem Friedhof Berlin-Friedrichsfelde beerdigt. Durch ihren Tod wurde Luxemburg zur Märtyrerin, auf die sich Anhänger wie Kritiker des real existierenden Sozialismus gleichermaßen beriefen: Der jährliche Gedenkzug der DDR-Führung zu ihrem Grab geriet im Januar 1988 zum Skandal, als Bürgerrechtler Luxemburgs Wort von der »Freiheit der Andersdenkenden« gegen die SED wandten. Zwei Jahre später war diese gestürzt und der kommunistische Traum am Ende. ■

»Bis auf den Grund der Dinge gehende Selbstkritik ist Lebensluft und Lebenslicht der proletarischen Bewegung.« LUXEMBURG

Thomas Mann 1875* 1955†

■ **Thomas Mann – Er hasste die Schule, hatte kein Abitur und prägte die deutsche Literatur wie kaum ein anderer Autor des 20. Jahrhunderts.**

Am Nachmittag des 12. November 1929 überbrachten Elisabeth und Michael, die beiden jüngsten Kinder von Thomas Mann, ihrem Vater eine sensationelle Nachricht. Sie hielten ein Telegramm in Händen, aus dem hervorging, dass ihm der Literatur-Nobelpreis zuerkannt worden war. Der Schriftsteller nahm die Ehrung nordisch gelassen, fast arrogant entgegen – »sie lag wohl auf meinem Wege« – und reichte die Anerkennung in seiner Dankesrede weiter: »Ich tue wohl daran, den Weltpreis, der mehr oder weniger zufällig auf meinen Namen lautet, meinem Lande und Volke zu Füßen zu legen.« Ausschlaggebend für die Auszeichnung war sein erster großer, wohl berühmtester und sicherlich meistgelesener Roman, den der Sohn einer großbürgerlichen Familie aus Lübeck bereits im Alter von 26 Jahren veröffentlicht hatte: *Buddenbrooks*, Bestseller und Dauerbrenner. Bis heute wurden allein in deutscher Sprache vier Millionen Exemplare gedruckt, Übersetzungen der »Sittengeschichte des deutschen Bürgertums« liegen in rund vierzig Sprachen vor.

1901 ***Buddenbrooks. Verfall einer Familie***
1924 ***Der Zauberberg***
1929 **Nobelpreis für Literatur**
1933 **Emigration in die Schweiz**
1938 **Emigration in die USA**
1952 **Rückkehr nach Europa, Wohnsitz in der Schweiz**

Zunächst ein Anhänger der konservativen Ideen der Kaiserzeit, vertrat Thomas Mann einen romantischen Nationalismus, der ihn auch den Beginn des Ersten Weltkriegs gutheißen ließ. Bis 1918 revidierte er zwar diese Ansicht, betrachtete aber weiterhin die Literatur als weltabgewandte Kunstform und den Status des Autors als autonom (*Betrachtungen eines Unpolitischen*). Die Folge war ein Zerwürfnis mit seinem älteren Bruder Heinrich, der die Pflicht des Schriftstellers in der Kritik der politischen Verhältnisse sah. Erst eine Rede Thomas Manns (*Von deutscher Republik*) beendete diesen Konflikt. Am 15. Oktober 1922 verdammte er den Nationalismus als »das truthahnmäßige Selbstgefühl der einzelnen europäischen Völker«. Den aufkommenden Faschismus bezeichnete er

als »romantische Barbarei«. Seine neuen Ideale: Liberalität und Humanität. Die Weimarer Republik sollte sie verwirklichen. Die Gefährdung der jungen Demokratie erkannte Mann früh. Nur einen Monat nach Hitlers Erfolg bei der Reichtagswahl 1930 forderte er öffentlich eine Koalition von Bürgertum und Sozialdemokraten gegen die erstarkten Rechtsextremisten (*Deutsche Ansprache. Ein Appell an die Vernunft*). Im selben Jahr formulierte er in *Mario und der Zauberer* seine »Warnung vor der Vergewaltigung durch das diktatorische Wesen«. Als die NSDAP 1933 an die Macht kam, blieb nur die Emigration. Auf einen Sommer in Frankreich folgten einige Jahre in der Schweiz. 1936 wurde Thomas Mann offiziell die deutsche Staatsbürgerschaft aberkannt, 1938 siedelte die Familie in die USA über. Von dort aus wandte sich der engagierte Autor nach Kriegsausbruch in insgesamt 55 Radioansprachen an *Deutsche Hörer*, um sie über die Missstände in ihrem Land und die Verbrechen der Nationalsozialisten aufzuklären.

> »Nichts von dem, was ich Ihnen über Deutschland zu sagen oder flüchtig anzudeuten versuchte, kam aus fremdem, kühlem, unbeteiligtem Wissen; ich habe es auch in mir, ich habe es alles am eigenen Leibe erfahren.« MANN

Der Schriftsteller, von seinen Kindern der »Zauberer« genannt, orientierte sich sein ganzes Leben am Werk seines großen Vorgängers Goethe. Ein Weg, den er selbst in einem Brief als »mythische Identifikations-Hochstapelei« bezeichnete. Die Übernahme einer Maxime von Goethe (»Das Benutzen der Erlebnisse ist mir immer alles gewesen; das Erfinden aus der Luft war nie meine Sache«) sollte auch ihm Erfolg bringen: »Ich sage, dass sehr große Dichter ihrer Lebtage nichts erfunden, sondern nur Überliefertes mit ihrer Seele erfüllt und neu gestaltet haben.« Ein künstlerisches Programm, mit dem Thomas Mann zu einem Klassiker der modernen deutschen Literatur geworden ist, gewürdigt durch zahlreiche Gastprofessuren und Ehrendoktorwürden von renommierten Universitäten wie Princeton, Oxford und Cambridge. Auch wenn er seine letzten Jahre in der Schweiz verbrachte, im Geiste blieb er *Deutschland und den Deutschen* immer verbunden. Sein Spätwerk *Doktor Faustus* endet mit einem Satz, der auch für das Lebensende von Thomas Mann gelten muss: »Ein einsamer Mann faltet seine Hände und spricht: Gott sei euerer armen Seele gnädig, mein Freund, mein Vaterland.« ■

Karl Marx 1818* 1883†

Karl Marx – Der große Sozialtheoretiker wollte die bestehenden gesellschaftlichen und politischen Zustände ändern und wurde zu einem der mächtigsten Denker der letzten 150 Jahre.

Gespannt erwartete Karl Marx den Besuch des zwei Jahre jüngeren Kritikers der Nationalökonomie. Der streitfreudige junge Vater hatte in Paris gerade die *Deutsch-französischen Jahrbücher* publiziert, die auch einen wegweisenden Artikel seines Gastes enthielten. Zehn Tage weilte der wirtschaftstheoretisch weitaus kompetentere Friedrich Engels bei dem energischen Vollbartträger, der schon Hegel »vom Kopf auf die Füße« gestellt hatte. Das Resultat dieser ersten gemeinsamen Tage im Sommer 1844: ein lebenslanger Freundschafts- und Schaffensbund, der weltverändernde Werke ermöglichte. Eines der ersten gehört heute zu den bedeutendsten Flugschriften aller Zeiten. Im *Kommunistischen Manifest* formulierte Marx seine Erkenntnisse verständlich und mitreißend: »Die Geschichte aller bisherigen Gesellschaft ist die Geschichte von Klassenkämpfen.« Im 19. Jahrhundert stehen sich Bourgeois und Proletarier unversöhnlich gegenüber. Die Proletarier, so die Überzeugung von Karl Marx, haben in dieser Gesellschaftsordnung »nichts zu verlieren als ihre Ketten«, dafür aber eine Welt zu gewinnen. Deswegen schließt das im Februar 1848 erschienene *Manifest* mit dem weltberühmten Aufruf: »Proletarier aller Länder, vereinigt euch!« Als Revolutionär war der willensstarke Wortführer da schon gefürchtet, Paris hatte er aufgrund antipreußischer Artikel verlassen müssen. Seine Prognose, dass Deutschland am Vorabend einer bürgerlichen Revolution stünde und diese nur das Vorspiel einer proletarischen wäre, ließ wiederum den belgischen König nicht zögern: Binnen 24 Stunden musste der Sohn eines Trierer Rechtsanwalts aus Brüssel ausreisen. Marx versuchte nun in Köln – wo er 1842 Redakteur der liberal gesinnten *Rheinischen Zeitung* gewesen war – als Chefredakteur der ungleich radikale-

1842 **Redakteur der linksliberalen *Rheinischen Zeitung***
1848 ***Das kommunistische Manifest***
1849 **Beginn des Exils in London**
1859 ***Zur Kritik der politischen Ökonomie***
1867 ***Das Kapital*, Band 1**

ren *Neuen Rheinischen Zeitung* die deutsche Revolution zu fördern. Die »Aufreizung zur Rebellion« wurde ihm vor Gericht zwar nicht zum Verhängnis, doch als Staatenloser konnte er – wieder einmal – ausgewiesen werden. Diesmal ging er ins endgültige Exil, nach London.

Hunderte von Abhandlungen und Zeitungsbeiträgen sowie seine Hauptwerke *Zur Kritik der politischen Ökonomie* und *Das Kapital* verfasste der Emigrant in den folgenden 34 Jahren. Er wurde zu einem der umstrittensten und gleichzeitig wirksamsten deutschen Denker. Sein Leben im Exil war meist elend. Krankheiten und große finanzielle Sorgen plagten ihn. Oft waren er, seine Frau Jenny und die zahlreichen Kinder auf die materiellen Zuwendungen Friedrich Engels' angewiesen. Manchmal konnte der große Rebell überkommener Eigentumsordnungen noch nicht mal zu Diskussionsveranstaltungen gehen und sich – wie er es so gern tat – mit seinen Gesinnungsgenossen streiten, weil seine Kleider im Pfandhaus versetzt waren. Doch unbeugsam klagte er an, dass die menschliche Arbeitskraft im Kapitalismus zur Ware verkomme. Engagiert versuchte der Dissident des bürgerlichen Liberalismus in der jungen Arbeiterbewegung Organisationsformen mitzuinitiieren. Verhältnisse umzuwerfen, in denen sich das Kapital in den Händen weniger ballt und die Masse verelendet, war das Ziel des leidenschaftlichen Politikers, späten Ökonomen und handlungsorientierten Philosophen.

»Es ist nicht das Bewusstsein der Menschen, das ihr Sein, sondern umgekehrt ihr gesellschaftliches Sein, das ihr Bewusstsein bestimmt.« MARX

Auf ihn, der zuerst auf die Basis der ökonomischen Strukturen und danach auf den politischen, kulturellen und religiösen Überbau blickte, beriefen sich Freiheitsbewegungen, Revolutionäre unterschiedlicher Couleur und zahlreiche Regime. Sie interpretierten sein System von Ideen in verschiedene Richtungen, sozialdemokratische wie staatssozialistische Politiker machten es für sich verwendbar. Marx, dessen Bücher Auflagen erreicht haben wie sonst nur die Bibel, ist nicht nur ein Klassiker des politischen Denkens. 120 Jahre nach seinem Tod und fast 15 Jahre nach dem Kollaps der Staaten, die sich auf ihn berufen haben, gilt er im Zeitalter der beschleunigten Globalisierung wieder als Instanz für eine kritische Sicht auf die kapitalistische Wirklichkeit. ■

Karl May 1842* 1912†

Karl May – Mit Schwindeleien versuchte er der Armut zu entfliehen, mit vorgeblichen Erlebnisromanen wurde er zu einem der meistgelesenen Schriftsteller, dessen Helden in der ganzen Welt bekannt sind.

Wieder konnte er der Versuchung nicht widerstehen, in eine andere Rolle zu schlüpfen. Diesmal wollte er aber nicht trickreich und unerlaubt Pelze oder Geldreserven einkassieren, sondern dem Großvater seiner Lebensgefährtin zu Diensten sein. Er gab sich im sächsischen Neu-Oelsnitz als eine Art höherer Staatsanwalt aus, um über einen Todesfall in der Familie seiner Liebsten mehr in Erfahrung zu bringen. Doch auch diese Episode endete im Gefängnis. Nach seiner letzten Haft 1879 brach für den gelernten Lehrer, erprobten Redakteur und talentierten Schreiber eine Glückssträhne an. Schon seit 1875 hatte er für den Dresdner Verleger Münchmeyer Geschichten verfasst; auch eine seiner weltberühmten Figuren hatte bereits Gestalt angenommen: *Aus der Mappe eines Vielgereisten* zauberte er in der »Geschichte vom Indianerhäuptling« einen Helden, der im folgenden *Old-Firehand*-Text erstmals als Apache Winnetou in Erscheinung tritt. Der Grundstein für den Aufstieg des fünften Kindes einer armen sächsischen Weberfamilie zum weltweit gelesenen Erfolgsschriftsteller war gelegt. Bis zu seinem ersten Achtungserfolg mit *Der Sohn des Bärenjägers* 1887 hielt er sich durch das Schreiben von Kolportageromanen über Wasser. Doch als fünf Jahre später der Verleger Friedrich Fehsenfeld Mays Reiseromane veröffentlichte, war der Weg frei für den literarischen Siegeszug von Winnetou und Old Shatterhand, Kara Ben Nemsi und Hadschi Halef Omar. 60 000 Bände waren 1895 verkauft, 150 000 ein Jahr später, heute haben die Ausgaben seiner Werke die 100-Millionen-Grenze überschritten.

1856	**Besuch des Lehrerseminars**
1870	**Verurteilung zu vier Jahren Zuchthaus**
1875	**Zeitschriftenredakteur**
1892	***Gesammelte Reiseromane* erscheinen**
1899	**Reise in den Orient**
1908	**Reise in die USA**

Der Autor der spannenden Storys aus dem Wilden Westen und dem Vorderen Orient ließ seine Leser in dem Glauben, er habe die Abenteuer mit Rappenhengst und Silberbüchse, mit Messer- und Faust-

kämpfen selbst erlebt. Diesen Eindruck untermauerte er durch seinen Umzug in die »Villa Shatterhand«. Zudem präsentierte er sich bevorzugt im Outfit seiner Helden Old Shatterhand und Kara Ben Nemsi, mit deren Namen er auch gerne unterschrieb. Die Länder zu bereisen, deren Orte er schon vorab so trefflich zu beschreiben wusste, das gelang ihm erst auf dem Höhepunkt seines Erfolges: 1899 war er im Orient, neun Jahre später besuchte er die USA. Ruhm, Erfolg, Geld – May geriet zunehmend unter Beschuss. Neider bezichtigten ihn der literarischen Schwindelei, zerrten seine früheren Haftstrafen, seine Hochstapelei und sein herbeifantasiertes Doktor-Diplom an die Öffentlichkeit und traten damit eine Prozesslawine los. In seiner 1908 veröffentlichten Beichte zog Karl May resigniert folgendes Fazit: »So bleibt mir eben nichts anderes übrig, als auf die Gegenwart zu verzichten und das Verständnis erst jenseits des Todes zu suchen.«

> »Kein Mensch hat so wenig Grund und Lust aufzuschneiden, wie gerade ich! Das ›Ich‹, in dem ich schreibe, das bin doch nicht ich selbst, sondern das ist die Menschheitsfrage, die ich personifiziere, um sie beantworten zu können.«
>
> MAY

Christlich-erzieherische Moral hatte May bereits in seinen populären Abenteuerromanen vermittelt, doch er wollte mehr, die dichterischen Ambitionen wuchsen. Seine Gedichte *Himmelsgedanken* zeigen dies ebenso wie die Romane *Im Reich des silbernen Löwen* oder *Ardistan und Dschinnistan*, mit denen sich May als »Entdecker vollständig neuer Sujet-Welten« sah. Sein Spätwerk wurde jedoch nie so gewürdigt, wie er das erwartet hatte. Dennoch ist er bis heute einer der meistgelesenen deutschen Schriftsteller. Rund 50 000 Seiten schrieb er, seine Bücher sind in über dreißig Sprachen übersetzt, sie wurden wiederholt erfolgreich verfilmt und werden als Stücke auf eigenen Festivals aufgeführt. Als Darsteller von Winnetou und Old Shatterhand erreichten Pierre Brice und Lex Barker Weltruhm, und die Heranwachsenden lernen immer wieder durch Karl May, was Blutsbrüderschaft bedeutet und was ein Hadschi ist. Seit über hundert Jahren beweist der Bestsellerautor jeder Generation aufs Neue, dass Fantasie und Intuition Geschichten hervorbringen, die wirklicher als die Realität sind und die durch alle Zeiten hindurch das große Publikum faszinieren und mitreißen. ■

REINHARD MEY 1942*

WOLFGANG AMADEUS MOZART 1756* 1791†

Wolfgang Amadeus Mozart – Kein anderer Komponist durchbrach so spielerisch alle musikalischen Konventionen wie er. Ein Jahrhundertgenie, das am Unverständnis seiner Zeitgenossen zerbrach, dessen Musik für Kopf und Herz aber bis heute unvergessen ist.

Wie der Wind glitten seine Finger über die verdeckten Tasten. Für den Pianisten war diese scherzhafte Probe vor Kaiser Franz I. ein Kinderspiel. Danach kletterte der Virtuose auf den Schoß der Kaiserin Maria Theresia und verkündete keck, dass er ihre Tochter heiraten wolle. Der »künftige Schwiegersohn« der großen Kaiserin war Wolfgang Amadeus Mozart – und gerade sechs Jahre alt. Ein Wunderkind, dem auch später noch der Ruf eines Kindskopfes anhaftete. Er lernte Latein, Französisch, Englisch und Italienisch und glänzte in den folgenden Jahren bei Auftritten mit Vater Leopold, dem Salzburger Kapellmeister, und Schwester Maria Anna, genannt »Nannerl«, an den europäischen Höfen. Die Kombination von Jugend und außerordentlichem Talent begeisterte das Publikum von Wien über Paris bis nach Den Haag. Und der junge Mozart genoss den Rummel um seine Person – er wusste, er war einmalig.

1762 **Erste Konzertreisen nach München und Wien**
1763–1766 **Mozarts erste Sinfonien entstehen**
1769/1770 **Erste Italienreise**
1781 **Übersiedelung nach Wien**
1787 ***Eine kleine Nachtmusik***

Mit 26 Jahren, inzwischen unabhängig vom mächtigen Vater, suchte der geniale Musiker und Komponist sein Glück auf eigene Faust. In Wien wurde Mozart fündig: Er heiratete Constanze Weber, konzertierte täglich, gab Klavierunterricht, schrieb Opern – und wurde großzügig honoriert. Vor allem nach dem Erfolg von *Die Entführung aus dem Serail* flogen ihm die Herzen der Wiener zu. Doch die Gunst des Publikums blieb ihm nicht lange erhalten. Mit den Kompositionen seiner späteren Jahre setzte er zwar neue Maßstäbe, die meisten Zeitgenossen aber konnten Mozarts genialem Schaffen nicht mehr folgen. Die Gesellschaftskritik in *Figaros Hochzeit* (1786), die Tragik in *Don Giovanni* (1787) und die komplexe Musik überforderten sein Publikum zusehends. Während heute gerade diese

Stücke als Meisterwerke der Musikgeschichte gelten, fielen sie damals durch. Der Geldstrom versiegte und brachte die Mozarts, die eine aufwändige Haushaltsführung betrieben, in wirtschaftliche Schwierigkeiten. Als säumige Mieter mussten sie mehrmals die Wohnung wechseln. Zu den finanziellen Sorgen kam die jahrelange Überanstrengung, die sich nun in Krankheiten niederschlug. Nur noch in Gesellschaft, bei rauschenden Festen, konnte Mozart der inneren Unruhe entfliehen, auch wenn es ihm gelang, mit seiner letzten Oper, der furiosen *Zauberflöte* (1791), trotz mäßigen Beifalls bei der Uraufführung, die Herzen seines Publikums zurückzuerobern: ein vielfarbiges Meisterwerk, in dem alle Stilelemente durcheinander gewirbelt werden und das bis heute seinesgleichen sucht. Doch für Mozart kam dieser Erfolg zu spät. Sein Körper war geschwächt, sein Lebenswille gebrochen. Ein letztes Werk sollte er noch schreiben, ein Requiem, das anonym in Auftrag gegeben wurde und immer noch Anlass zu Spekulationen bietet. Es wurde seine eigene Totenmesse – kurz vor Vollendung des Stückes starb Mozart im Alter von nur 34 Jahren, fast vergessen und völlig verarmt. Die Todesursache ist ungeklärt, Vermutungen reichen von Nierenversagen bis zu Mord. Damals interessierte das kaum jemanden. Denn nur wenige ahnten, welch unfassbar großer Geist da in der »allgemeinen Grube«, einem Massengrab, verschwand.

> »Dich nehme ich aus, aber alle anderen Compositeurs sind wahre Esel!« MOZART
> *zu seinem Freund und Vorbild Haydn*

Wolfgang Amadeus Mozart war ein einzigartiges Universalgenie, von dem man gerne behauptet, seine wunderbare Musik sei ihm einfach in die Finger geflossen, ohne Anstrengung, ohne nachdenken zu müssen. Aber hinter den Noten stecken Systematik und Disziplin. In allen Musikgattungen schuf er Meisterwerke von großer Klarheit und Tiefe. Seine Musik verbindet italienische Musizierfreude mit deutscher Tradition und dem dramatischen Anspruch französischer Musik. Er schrieb rund 600 Werke, darunter Sinfonien, Serenaden, Opern, Kammer- und Kirchenmusik. Heute ist Mozart allgegenwärtig: in unzähligen erhaltenen Briefen, Dokumenten, ständig neuen Interpretationen seines Lebens. Doch in seiner Musik hat sich nur das Genie offenbart. Der Mensch Mozart verbirgt sich als Geheimnis hinter Millionen Noten. ■

Nena 1960*

Nena – Ihre »99 Luftballons« waren ein Welthit, sie wurde die populärste Vertreterin der Neuen Deutschen Welle. Nach ihrem Rückzug ins Privatleben füllt sie zwanzig Jahre später wieder die Konzerthallen.

Solch ein Mädchen hatte die Nation noch nie gesehen: Wie ein Wirbelwind fegte die schöne Unbekannte mit feuerrotem Minirock und wilder Mähne über die viel zu kleine Fernsehbühne. Nicht nur die Kameraleute des *Musikladen* kamen bei dem ersten großen Auftritt der 22-Jährigen heftig ins Schwitzen. Frech, sorglos und unwiderstehlich: Gabriele Susanne Kerner konnte vom Erfolg ihres Songs »nur geträumt« haben. 40 000 verkaufte Singles einen Tag nach der Sendung machten sie zum Shootingstar der Neuen Deutschen Welle. Die Medien rissen sich um die Westfälin, die mit ihrem nächsten Stück Musikgeschichte schrieb: »99 Luftballons« eroberte nicht nur die Charts im Inland, sondern auch in England und Übersee. Ein deutsches Lied an der Spitze der US-Hitparade, das übertraf alle gekannten Dimensionen. Ohne Promotion schaffte das Antikriegslied den Sprung über den großen Teich – einem DJ gefiel einfach die Melodie des Mitbringsels. »Germany's hottest pop phenomenon«, schrieb der *Rolling Stone* über ihren kometenhaften Aufstieg. Nena hatte sich mit ihrer Band innerhalb eines Jahres in den internationalen Pop-Himmel katapultiert.

1977 **Ausbildung zur Goldschmiedin**
1979 **Erster Plattenvertrag mit The Stripes**
1983 **Nummer-1-Hit »99 Luftballons«**
1990 **Geburt von Sakias und Larissa**
2001 **Teilnahme an »Rock gegen Rechts«**
2003 **Comeback mit alten Hits**

Als Dreijährige rief man sie im Spanienurlaub Nina. Aus Nina wurde »irgendwie irgendwo irgendwann« Nena, eine hübsche Schulabbrecherin aus Hagen, die als Sängerin der Gruppe The Stripes erste Bühnenerfahrung sammelte. Der Umzug nach Berlin eröffnete ihr neue Perspektiven. Sie kam bei Jim Rakete unter, der schon Nina Hagen und Spliff auf die Erfolgsspur gebracht hatte. Die Sekretärin wurde zum Goldesel. Nenas lupenreines Teenie-Idol-Image faszinierte vor allem die jungen Fans. Das vorzeitliche »Girlie« füllte die großen Hallen vor allem mit jungen Zuschauern – kein Rockstar vor ihr kam in Deutschland bei den Kids so gut an. Jede Winzigkeit ihres Lebens war fortan eine Nachricht wert, die Trendsetterin mit Stirnband, Streifenhose und ungekünstelter Stimme gehörte der Öffentlichkeit. 54 Mal schaffte sie es auf das Titelbild der *Bravo*. Kritiker bemängelten derweil »Mädchenzimmer-Pferdeposter-Lyrik« mit reichlich »Keyboard-Kling-Klang und Gitarren-Schrumm-Schrumm« (*SZ*). »Naiv und oberflächlich«, resümierte das Feuilleton, eine »Seifenblase ohne Substanz« (*FAZ*). Doch die »Nenamania« war Anfang der Achtziger nicht mehr zu stoppen. Nena passte zum Lebensgefühl. *Gib Gas – ich will Spaß* hieß nicht nur das Motto der Zeit, sondern auch der Kinofilm, in dem sie sich als Hauptdarstellerin versuchte. Erst mit dem Ende der Neuen Deutschen Welle sank auch der Stern der fünfköpfigen Band. Alle Versuche, die Gunst des Publikums wiederzugewinnen, blieben erfolglos. Die Combo löste sich 1987 auf, und Nena zog sich zunächst ins Privatleben zurück.

»Ich kann nichts Gutes darin finden, schlechte Stimmung zu verbreiten.« NENA

Ein Jahr später bekam sie ihr erstes Kind. Ihr Sohn erlitt bei der Geburt eine schwere Gehirnverletzung. »Die Ärzte sagten damals, Christopher würde nie lachen können. Und dann kam der Moment, wo er mich plötzlich anlächelte.« Noch im Krankenhaus schrieb Nena »Wunder gescheh'n« für ihren Sohn, der nur elf Monate alt wurde. Den Schicksalsschlag verarbeitete die Künstlerin auf ihrer nächsten Platte. »Du bist weg und immer da, Engel fliegen wunderbar, durch die Zeit und Tag und Nacht, ich bin heut wieder aufgewacht«, singt sie in »Du bist überall«. Mittlerweile hat Nena vier Kinder: die Zwillinge Larissa und Sakias sowie Samuel und Simeon. Die moderne Mutter (der Nation) nahm etliche Kinderplatten auf, forcierte ihre Solokarriere und versuchte sich als Moderatorin. Zwanzig Jahre nach ihren größten Erfolgen eroberte sie 2003 mit ihren alten Songs erneut die Hitlisten. Zeitgemäße Arrangements von unvergessenen Ohrwürmern liegen voll im Trend. Nena singt aber nicht von damals, »sie macht hörbar, was sich verändert hat, und umschifft so alle Nostalgie-Fallen« (*SZ*). Ihre Ausstrahlungskraft ist ungebrochen: Die 43-Jährige sieht blendend aus und lebt im harmonischen Einklang mit der alten Zeit – sogar die Schweißbänder, ihr Markenzeichen von früher, hat sie wieder übergestreift. ■

NICOLE 1964*

Nicole – Sie kam, sang und siegte. Als erste Deutsche gewann sie 1982 den Grand Prix d'Eurovision de la Chanson und eroberte mit »Ein bisschen Frieden« die Herzen der Menschen.

Millionen von Fernsehzuschauern erlebten europaweit live die Geburtsstunde eines der größten deutschen Schlagerstars. 27 Jahre lang waren vergeblich deutsche Grand-Prix-Anläufe unternommen worden. Dann kam Nicole. Und ihr Sieg im englischen Harrogate war überragend, 61 Punkte vor der Konkurrenz. Bis zum Jahr 2003 konnte kein deutscher Interpret diesen Erfolg wiederholen – da feierte Nicole bereits ihr 22-jähriges Bühnenjubiläum. Der Titel »Ein bisschen Frieden« verkaufte sich weltweit über fünf Millionen Mal, war in einem halben Dutzend Sprachen zu hören (auch auf Japanisch und Arabisch), bekam Platin hier und Gold da. In den deutschsprachigen Hitlisten stürmte der Titel auf Platz eins, brachte der Interpretin aber nicht nur Freunde. Der Friedensbewegung war ihr Erfolg 1982 suspekt. Es war die Zeit des Nato-Doppelbeschlusses, der Demos gegen Pershing II und SS-20. Nicole wurde unterstellt, sie sei eine »CDU-Tussi«, eine »Landpomeranze«, die das Heil herbeiträllere. Der Versuch der Imageänderung fünf Jahre später ging schief: Die LP *Moderne Piraten*, mit Nicole im weniger braven Look, verkaufte sich schlecht. Dennoch versuchte sie weiter, sich als »chansonorientierte Popschlagersängerin« zu positionieren und ihr Themenspektrum zu erweitern, mit Titeln wie »Es hat im Bett ganz gut geklappt« oder »Die Großen lässt man laufen, die Kleinen sperrt man ein«. Lieder über Homosexualität und Drogen kamen ins Repertoire sowie Selbstironisches: *Frauen sind kleine Schweine* heißt ihre CD im Jahr 2003.

1971	**Erste Auftritte**
1981	**»Flieg nicht so hoch, mein kleiner Freund«**
1982	**Grand-Prix-Sieg mit »Ein bisschen Frieden«**
1993	**»Echo« als beste Sängerin 1992**
2002	**Saarlandbotschafterin**

Am 25. Oktober 1964 wurde sie als Nicole Hohloch in Saarbrücken geboren. Nach ersten Auftritten als Sechsjährige bei Schulfeiern wurde sie zehn Jahre später von Robert Jung auf einem Liederfestival in Schwä-

bisch Hall entdeckt und erhielt durch einen Vertrag bei Jupiter Records (Ralph Siegel) den frühen und ausgesprochen dauerhaften Einstieg ins Showgeschäft. 1981 war Nicole mit »Flieg nicht so hoch, mein kleiner Freund« in der Schlagerszene aufgetaucht, jedoch in der Vorauswahl zum Grand Prix gescheitert. Zwei Wochen später stand der Titel auf Platz zwei in den Verkaufslisten, blieb dort 22 Wochen. Es kam zu ersten lehrreichen Fernsehauftritten in der ZDF-Hitparade oder bei Dalli Dalli. Der Grand-Prix-Sieg 1982 bescherte der 17-Jährigen einen wochenlangen Medienansturm und Sonderurlaub in der Schule. Mehrere Tage soll es gedauert haben, bis sie die Eltern und Freund Winfried im Heimatort Nohfelden-Neunkirchen im Saarland wieder sehen konnte. Als erste Deutsche erreichte sie in der englischen Hitparade Platz eins (»A little peace«) und trat in der legendären BBC-Sendung »Top of the Pops« auf. Entgegen vielerlei Ratschlägen setzte sie ihre Schulausbildung fort, baute 1984 ihr Abitur, heiratete kurz darauf ihren Jugendfreund, den Autoverkäufer Winfried Seibert, und blieb der saarländischen Heimat treu. Auf die Geburt der ersten Tochter 1984 (*Marie-Claire*) folgte eine ausgedehnte Pause. 1997 kam die zweite Tochter Joëlle zur Welt.

Aus den Schlagzeilen der Boulevardpresse konnte sie sich meist heraushalten, tarnte sich in der Öffentlichkeit gern mit Pferdeschwanz, Brille und Mütze. Ein Unfall auf der Autobahn bei Koblenz 1998 war schon das Spektakulärste für die Yellow Press. Bestimmend blieben ihre Erfolge: 16 Siege (Rekord) in der ZDF-Hitparade, elf Goldene Stimmgabeln, Saarlandbotschafterin. Ihre Fangemeinde reicht von den Scheichs in Dubai bis zu Fußballstar Matthias Sammer (1994 nahm sie mit der Fußballnationalmannschaft »It's just a game« auf). Nach einem eisernen, selbst aufgestellten Gesetz arbeitet sie nicht mehr als zehn Tage im Monat, an denen aber hart. Und in ihrer Freizeit widmet sie sich gelegentlich dem »Nicole-Raum« in ihrem saarländischen Heim: eine private Erinnerungsstätte mit Fotos, Postern, einer Vitrine mit der Goldenen Europa, dem Ehrenlöwen von RTL. Die große, weiße Gitarre aus Harrogate ist auch da, wie auch die Schuhe und das Kleid von damals. »Die passen immer noch«, sagte sie 2001. ■

»Man nannte mich nach dem Grand Prix Landpomeranze. Dabei war ich einfach nur naiv und unbedarft.« Nicole

FRIEDRICH NIETZSCHE 1844* 1900†

Friedrich Nietzsche – Der hoch begabte Professor kam durch die Werke Schopenhauers und die Freundschaft mit Richard Wagner von der vorgezeichneten Laufbahn ab. Mit Leib und Leben schrieb er seitdem gegen Gott und Teufel an.

Gequält, stockend, dozierte er ein letztes Mal über Platon und die griechischen Lyriker. In seinem 35. Lebensjahr trat Nietzsche im Wintersemester 1878/79 krankheitsgebeugt vom Katheder an der Universität Basel ab. In den folgenden zehn Jahren begann er, wie er selbst sagt, »mit dem Hammer« zu philosophieren und wurde zum großen Umstürzler in der europäischen Denktradition. Der schüchterne, begabte Knabe, der in einem ländlichen Pfarrhaus allein unter Frauen aufwuchs und bereits mit 25 Jahren Professor wurde, geht als gnadenloser Umwerter aller Werte in die Geschichte ein. Als Erster stellte er unmissverständlich fest: »Gott ist tot!« Sein Name steht aber nicht nur für das Heraufziehen von Atheismus und Nihilismus. Vielen wird wohl auch der Satz: »Du gehst zu Frauen? Vergiss die Peitsche nicht« einfallen. Dies rät ein altes Weib in seinem »Buch für Alle und Keinen« in *Also sprach Zarathustra*. Doch Nietzsche war alles andere als ein Peitschen schwingender Macho, eher unsicher im Umgang mit den Damen: Mal machte er einer Urlaubsbekanntschaft nach wenigen Tagen einen schriftlichen Heiratsantrag und kündigte mit diesem gleichzeitig seine Abreise an. Oder er verliebte sich in die befreundete Dichterin Lou Salomé, der er zwar seine neuesten philosophischen Gedanken anvertraute, nicht aber seine Gefühle. Stattdessen bat er einen Freund, für ihn bei Salomé zu werben – nur leider war der gute Freund selbst in die junge Russin verliebt.

1869 **Professor für klassische Philologie an der Universität Basel**
1876 **Letztes Zusammentreffen mit Wagner**
1879 **Aufgabe des Lehramtes**
1889 **Geistiger Zusammenbruch in Turin**

Nietzsches Denken war immer direkt mit seinem Leben verbunden. Schon mit der antiklassisch ausgerichteten *Geburt der Tragödie aus dem Geiste der Musik* setzte er seine Karriere im Fachgebiet Altphilologie aufs Spiel. Dafür gewann er mit dieser Schrift die Freundschaft Richard Wagners, die ihn zu weiteren *Unzeitgemäßen Betrachtungen* animierte – zum Beispiel über »Schopenhauer als Erzieher«. Damit war er in der Philosophie angekommen, die er als herausragender Kritiker der traditionellen Moral nachhaltig beeinflusste. Zunächst mit dem »Buch für freie Geister«, *Menschliches, Allzumenschliches,* das entstand, als Nietzsche sich von Wagner und vom Glauben an den Sinn einer akademischen Laufbahn frei machte. Auch seine sich verschlechternde Gesundheit klingt bereits in mancher Zeile dieses Werkes an. Kopf- und Augenschmerzen plagten ihn, der rastlos zwischen Deutschland, Italien und der Schweiz hin- und herreiste. Dabei betrieb Nietzsche nach Beendigung seines Lehramtes *Fröhliche Wissenschaft*, bejahte das Diesseits und wollte Schopenhauers Willensprinzip als mächtige Lebenskraft positiv wenden. Die Inhalte seines Denkens bot er jetzt in stilistisch exzellenten Aphorismen dar. Und er ahnte, dass mit ihm einst die große Krise dessen verbunden wird, was bisher für wahr gehalten wurde: Religion als Irrtum, christliche Moral als etwas, das überwunden werden muss. Der sprachgewaltige Philosoph setzte sich nun mit der Frage auseinander, was bleibt, wenn es mit der alten Wahrheit zu Ende geht und alles sinn- und ziellos ist.

»Es wird einmal an meinen Namen die Erinnerung an etwas Ungeheures anknüpfen – an eine Krisis (...), eine Entscheidung, heraufbeschworen gegen alles, was bis dahin geglaubt, gefordert, geheiligt war.« NIETZSCHE

Die Antwort auf das Warum fehlt, das ist Nietzsches Nihilismus, der erst im 20. Jahrhundert Konjunktur hat. Die ewige Wiederkehr des Sinnlosen wollte er mit dem *Willen zur Macht* überwinden, seinem Ende der 1880er-Jahre Fragment gebliebenen Versuch, neue starke Werte zu setzen. Die fixe Idee, den Übermenschen ins Leben zu rufen, brachte ihm die spätere Vereinnahmung durch die Nazis ein, gegen die er sich nicht mehr wehren konnte – mit 45 brach der große Denker in Turin zusammen, als er ein geschundenes Pferd umarmte. Geistig umnachtet verbrachte er elf Jahre im Gewahrsam von Mutter und Schwester. Er starb an der Schwelle zum neuen Jahrhundert, das den Daseins-Denker als demokratiefeindlichen Aufrufer zu barbarischer Aktivität verabscheut und gleichzeitig als weitreichendsten Giganten und größten Kulturkritiker der postgoetheschen Epoche feiert. ■

Dirk Nowitzki 1978*

■ Dirk Nowitzki – **Der Würzburger ist der beste deutsche Basketballer aller Zeiten und zählt in den USA, dem Ursprungsland seines Sports, schon zu einer festen Größe. Auch die deutsche Nationalmannschaft machte dank des »Flying Deutschman« einen gewaltigen Sprung.**

Er war wie vom Erdboden verschluckt. Kurz vor dem wichtigen Aufstiegsspiel zur ersten Bundesliga suchte Würzburg seinen Hoffnungsträger. Niemand wusste, dass der »Schlacks« die Vorbereitung aus gutem Grund schwänzte. Weit weg in San Antonio maß sich der Abiturient bei der wichtigsten Talentsichtung im Basketball mit den besten 19-Jährigen der Welt. Eine einmalige Chance für Dirk Nowitzki, die er auf fremdem Parkett eindrucksvoll nutzte: 33 Punkte – so viele hatte noch keiner vor ihm geschafft. Don Nelson, sein heutiger Trainer, sprach von dem besten jungen Spieler, den er je gesehen hatte. Seitdem erobert Nowitzki die Basketballwelt. Das »German Wunderkind« kann scheinbar alles: passen, dribbeln und aus jeder Distanz treffen. Trotz seiner Körpergröße von 2,13 Meter ist er ein Allrounder und äußerst beweglich. Seit fünf Jahren verbessert der Mann mit den vielen Spitznamen seine Statistiken, schon zweimal wurde er in das All-Star-Team der besten NBA-Spieler gewählt. Aber auch die deutsche Nationalmannschaft kann sich auf ihren »Dirkules« verlassen. Leichtfüßig führt er das Team von Sieg zu Sieg und stillt dabei, laut *Berliner Zeitung*, »im Volk der Wadenbeißer eine Sehnsucht, die zuletzt der Fußballer Günter Netzer befriedigte«. Ein vierter Platz bei den Europameisterschaften 2001 und die Bronzemedaille bei den Weltmeisterschaften 2002 lösten eine nicht gekannte Begeisterung für diese Randsportart aus. Der orange Ball ist in, unzählige Kids zieht es seit Dirk Nowitzkis *Dreiern* und *Dunkings* unter die Körbe. Wo immer der blonde Star auch auftaucht, wird er gefeiert und verehrt. Nowitzki selbst ist der Rummel um seine Person eher peinlich.

1990	**Erstes Basketballtraining mit 12 Jahren**
1994	**Als 16-Jähriger in der 2. Bundesliga**
1999	**Debüt in der NBA**
2001	**NBA-All-Star**
2002	**Bester Spieler der WM, Europas Basketballer des Jahres**

Der schüchterne Star bekam Ballgefühl und Bewegungstalent in die Wiege gelegt. Vater Jörg war ein wurfgewaltiger Handballer, Mutter Helga Basketball-Nationalspielerin. Zunächst interessierte sich Dirk, der eigenen Angaben zufolge »in Sporthallen aufgewachsen« ist, für Tennis. Als Teenager schon hoch gewachsen, entdeckte er den Sport der Langen erst spät für sich. Zufällig sah Holger Geschwindner, einst Kapitän der Nationalmannschaft, dem spindeldürren Flügelspieler zu und erkannte das enorme Potenzial des jungen Ballzauberers. Der alte Hase wurde sein persönlicher Coach, Berater und Ersatzvater und schulte ihn auch außerhalb des Spielfelds – schenkte ihm ein Saxophon und philosophische Bücher. Das Dreamteam geht unkonventionelle Wege und arbeitet während der Ligapausen in der eher unprätentiösen Turnhalle in Rattelsdorf bei Bamberg.

»Auf dem Spielfeld sieht man, dass ich reifer und älter werde. Aber außerhalb vom Spielfeld bin ich fast noch so wie früher. Ja, ich sehe mich noch ein bisschen als Kind, das irgendwie seinen Traum auslebt.« Nowitzki

Wenn Nowitzki von Basketball spricht, dann nie in der ersten Person, stets beschwört er das Wir-Gefühl. Der Franke ist ein Mannschaftsspieler ohne Allüren, bescheiden, diszipliniert und fleißig. In Amerika kam er am Anfang nicht zurecht. Gleich in seinem ersten Spiel traf er auf Detlef Schrempf, den einzigen anderen Deutschen, der es im Basketball-Mekka zu etwas gebracht hatte. Und sah alt aus: 2 Punkte, 0 Rebounds. Nowitzki konnte mit dem robusten und schnellen Spiel in der besten Liga der Welt nicht Schritt halten. Immer wieder fuhren sein Vater und der »Shooting-Doktor« Geschwindner nach Dallas, um ihren Schützling zu bestärken. Mit Erfolg. In der folgenden Saison machte er aus dem einst belächelten Punktelieferanten Dallas Mavericks ein Siegerteam. Die Klubführung entlohnte das Engagement mit 80 Millionen Dollar für sechs Jahre. Trotz der atemberaubenden Gage trägt er keine teuren Anzüge oder goldene Klunker. Nur mit Überredungskunst konnten ihn die Verantwortlichen der »Mavs« davon überzeugen, seine kleine japanische Rostlaube gegen eine angemessenere Karosse einzutauschen. Nowitzki ist ein auf dem Boden gebliebener Überflieger, der nicht nur in Deutschland zum Vorbild wurde: Er genießt auch in der von Selbstdarstellern übersäten Sportszene der USA große Sympathien. ■

Otto I. 912* 973†

■ **Otto I. – Er gehörte zu den kraftvollsten Herrschern des deutschen Mittelalters, legte die Grundlagen für das spätere Deutsche Reich und verband auf Dauer das deutsche Königtum mit dem römischen Kaisertum.**

Die ersten Jahre von Ottos Regierungszeit waren alles andere als eine Erfolgsgeschichte. Am 7. August 936 wurde er in Aachen zum König gekrönt. Die Fürsten hielten sich damit an den Wunsch seines Vaters Heinrich I., der das Reich ungeteilt an seinen Sohn weitergeben wollte. Nachdem er das Verhältnis zwischen Königtum und Reichslehen neu verteilt und verschiedene Herzogtümer an Verwandte gegeben hatte, kam es zu schier unendlichen Adelsrevolten. Besonders prekär: Gerade Ottos engste Verwandte, mit Ausnahme seines Bruders Brun, intrigierten in wechselnden Konstellationen gegen ihren König. Der Mann an der Spitze setzte daraufhin auf die Bischöfe und band sie durch die Gewährung von Privilegien an das Reich. Doch noch Jahre später, während des ersten Italienzugs (951/952), von dem er mit der burgundischen Königstochter Adelheid an seiner Seite zurückkehrte, war sein Herrschaftsgebiet nicht befriedet.

936	**Königserhebung in Aachen**
952	**Hochzeit mit Adelheid**
955	**Sieg auf dem Lechfeld gegen die Ungarn**
962	**Kaiserkrönung in Rom**

Erst die Bedrohung von außen brachte Ruhe in den Reichsverband. 955 rückten die Ungarn auf ihrem Beutezug durch Europa heran. Auf dem Lechfeld nahe Augsburg kam es am 10. August 955 zur Entscheidungsschlacht, die zu einem Wendepunkt der deutschen Geschichte wurde. Der Sieg war zwar wohl weniger dem Geschick der königlichen Truppen als dem glücklichen Zufall eines Wolkenbruchs zu verdanken, der die Bögen der Ungarn buchstäblich aus dem Leim gehen ließ. Otto triumphierte: Erstmals hatten sich unter seiner Führung die regionalen Stämme der Bayern, Franken, Schwaben und Böhmen geschlossen gegen Eindringlinge gestellt. Ein erster Schritt auf dem Weg zu einem nationalen Bewusstsein, zu einem »deutschen« Volk. Den Höhepunkt seiner Macht erreichte Otto auf dem zweiten Italienzug. Papst Johannes XII. krönte ihn am 2. Februar 962 in Rom zum Kaiser. Im Gegenzug stellte Otto den Papst unter seinen Schutz und sicherte damit künftigen Regenten die Vorherrschaft über die Päpste. Das abendländische Kaisertum, jahrzehntelang zur Bedeutungslosigkeit verdammt und schließlich ganz erloschen, erlebte eine Renaissance. Byzanz, ärgster Konkurrent um die Würde der Nachfolge der römischen Kaiser, erkannte schließlich Ottos Herrschaft an und gab dessen Sohn und Mitkaiser Otto II. 972 die byzantinische Prinzessin Theophanu zur Frau.

Otto der Große war – selbst für mittelalterliche Verhältnisse – ein ungewöhnlich harter Herrscher. Unterlegene Gegner konnten kaum auf Milde hoffen. So ließ er einem Ratgeber des von ihm bezwungenen Slawenfürsten Stoinef die Zunge herausreißen, die Augen ausstechen und ihn in einem Leichenfeld umherirren. Seinen Sohn, der sich gegen ihn aufgelehnt hatte, begnadigte er erst, als dieser vor ihm auf dem Boden liegend um Gnade flehte. Zweifellos ehrliche Frömmigkeit und das Bemühen, die Bistümer und Kirchen zu Säulen des Reiches umzugestalten, täuschen nicht darüber hinweg, dass Ottos Erfolge vor allem auf List, Tücke und einer gehörigen Portion Skrupellosigkeit basierten. Dennoch – kein anderer Herrscher des deutschen Mittelalters hat durch seinen Regierungsstil eine derart lange Zeitspanne geprägt. Mit der erneuten Verbindung von deutscher Königs- und römischer Kaiserwürde, wie sie einst Karl der Große herbeigeführt hatte, legte Otto den Grundstein für drei Jahrhunderte deutscher Kaiserwürde, von den Ottonen über die Salier bis zu den Staufern. Auch wenn seine Regierungszeit sicherlich nicht die »Geburtsstunde der deutschen Nation« war, die die ältere Geschichtswissenschaft in ihr sehen wollte, war es Ottos Zeit, in der sich Personenverbände und Herrschaftsgebiete herausbildeten, die über Jahrhunderte Bestand haben würden. Dass Otto der Große das alles so durchdacht und beabsichtigt hat, darf mit Fug und Recht bezweifelt werden. Ihm ging es in erster Linie darum, seine eigene Position zu stärken; dennoch prägte er auf Jahrhunderte das, was wir als das »Heilige Römische Reich Deutscher Nation« kennen. ■

»Vor allem ausgezeichnet durch Frömmigkeit, war er in seinen Unternehmungen unter allen Sterblichen der beständigste, abgesehen vom notwendigen Schrecken der königlichen Strafgewalt immer freundlich.«

Widukind von Corvey, *Historiograf*

Helmut Rahn 1929* 2003†

Helmut Rahn – Er war »der Boss« der Helden von Bern. Mit seinem historischen Tor 1954 zum 3:2 gegen Ungarn setzte sich der Fußballer Helmut Rahn ein Denkmal und wurde unsterblich.

»... keiner wankt, unaufhörlich prasselt der Regen nieder.« So leitete Radioreporter Herbert Zimmermann am 4. Juli 1954 die entscheidende 84. Minute im Wankdorf-Stadion ein. Dann ging es blitzschnell. Flanke von Schäfer in den ungarischen Strafraum. Zimmermanns Stimme überschlug sich: »Aus dem Hintergrund müsste Rahn schießen – Rahn schießt ... Tor! Tor! Tor! Tor! 3:2 für Deutschland!« Und dann, zu Millionen von Deutschen an den Radios: »Halten Sie mich für verrückt, halten Sie mich für übergeschnappt!« Verrückt und übergeschnappt fühlte sich nach dem »Wunder von Bern« ein ganzes Volk, das nach 1945 am Boden lag. »Rahns Siegtor hat den Deutschen ihr Über-Ich, ihr Selbstwertgefühl zurückgegeben«, schrieb Literaturkritiker Helmut Böttiger in der *Frankfurter Rundschau* – dank einer Einzelleistung des unberechenbaren, eigenwilligen, witzigen, dribbelstarken, schussgewaltigen, nicht immer disziplinierten Rechtsaußen von Rot-Weiß Essen, genannt »der Boss«. Wenn ein einziges Tor in einem Fußballspiel das Selbstbewusstsein einer ganzen Nation so verändern kann, dass Historiker heute den 4. Juli 1954 als wahres Gründungsdatum der Bundesrepublik bezeichnen – was erst musste dieses Ereignis bei Rahn bewirken, der mit einem Mal Volksheld war! »Helmut, erzähl mich dat Tor!«, forderten die Fußballverrückten im Ruhrpott wieder und wieder ihr Idol auf. Und Rahn, ein einfacher Bursche, dritter von vier Söhnen eines Bergmanns, erzählte seine Geschichte, immer wieder: wie er nach Schäfers Flanke 22, 23 Meter vor dem Tor den Ball bekam, zwei angreifende ungarische Abwehrspieler austrickste und dann von der Strafraumgrenze aus »mit dem linken Fuß meine Bombe abzog«, für immer unhaltbar. Beim Erzählen trank »der Boss« mehr als nur

1951	**Erstes von vierzig Länderspielen**
1953	**DFB-Pokalsieger mit Rot-Weiß Essen**
1954	**»Das Wunder von Bern« – Weltmeister gegen Ungarn**
1955	**Deutscher Fußballmeister mit Rot-Weiß Essen**
1958	**WM-Vierter in Schweden**

für den Durst. Er wurde rundlicher, feierte gern, auch exzessiv, landete 1957 nach einem Verkehrsunfall mit Trunkenheit am Steuer und Widerstand gegen die Staatsgewalt im Gefängnis. Doch da zeigte sich wieder die verschworene Gemeinschaft der Berner Helden. Mannschaftskapitän Fritz Walter, dem Bundestrainer Sepp Herberger vor Länderspielen die Stimmungskanone Rahn stets als Zimmergenossen zugeteilt hatte, kümmerte sich rührend um ihn. Herberger gelang es, Rahn zu einem Lehrgang aus dem Knast zu holen. Er reaktivierte ihn für die nächste WM 1958 in Schweden, wo Rahn sechs Tore erzielte, ebenso viele wie der Brasilianer Pelé. 1962 reiste der Essener, mittlerweile Spieler des niederländischen Klubs Twente Enschede, nach Israel und war der erste deutsche Fußballer, der dort spielte und gefeiert wurde.

> »Der Ball fällt mich vor die Füße, jenau aufm rechten. Ich zieh' dann die Kirsche schnell von'n rechten auf'n linken Fuß. Ich zieh' ab mit dem linken Fuß und dat jibt so'n richtig jefährlichen Aufsetzer. Und wat dann passiert ist, dat wisst Ihr ja.«
>
> Rahn

So wenig Herberger Rahns Vorstellung von Disziplin teilte, sosehr schätzte er dessen Individualität auf dem Spielfeld: »Rahn ist ein Meister der Improvisation.« Der Stürmer tat Dinge, die sich zu seiner Zeit kaum einer traute: Er wechselte gegen alle taktischen Gepflogenheiten plötzlich von Rechts- auf Linksaußen, schoss, wenn keiner damit rechnete, auch aus spitzesten Winkeln, mit rechts ebenso wuchtig wie mit links. Wenn andere ein Spiel verloren gaben, riskierte er etwas auf eigene Faust und bog die Partie noch um. Als die Ungarn im WM-Finale 2:0 führten, wechselte Rahn die Seite, schoss auf Linksaußenposition Richtung Tor, wo Morlock den abgefälschten Schuss zum Anschlusstreffer verwertete. Den Ausgleich besorgte Rahn. Und mit dem 3:2 setzte er sich ein Denkmal. Nach Rahns Tod im August 2003 bezeichnete Bundeskanzler Gerhard Schröder den Essener als »großes persönliches Vorbild«.

Den »Boss« gab er nur auf dem Spielfeld, außerhalb blieb er bescheiden. Lange nach dem Triumph von Bern hörte Rahn bei Freunden zum ersten Mal die Tonbandaufnahme von Zimmermanns mitreißender Radioreportage. »Langsam kullerten mir die Tränen die Backen herunter. Ich schämte mich nicht. So war das also gewesen! So dramatisch! So großartig! So überwältigend! Und ich hatte dabei sein dürfen!« ■

Wilhelm Conrad
Röntgen 1845* 1923†

■ **Wilhelm Conrad Röntgen – Seine Entdeckung revolutionierte die Naturwissenschaften und brachte der Menschheit großen Segen. Die nach ihm benannten Strahlen bilden seit über hundert Jahren die Grundlage aller bildgebenden medizinischen Untersuchungen.**

1868 **Ingenieurdiplom für Maschinenbau**
1869 **Promotion: *Studien über Gase***
1874 **Habilitation**
1888 **Lehrstuhl für Physik in Würzburg**
1895 **Entdeckung der Röntgenstrahlen**
1901 **Nobelpreis für Physik**

Am Abend des 8. November 1895 war der Physikprofessor und Rektor der Würzburger Universität Wilhelm Conrad Röntgen noch schweigsamer als gewöhnlich. Was seine Frau nicht ahnte: Beim Experimentieren mit einer Entladungsröhre im abgedunkelten Labor hatte ihr Mann eine unsichtbare Strahlung bemerkt, die das Innere des menschlichen Organismus sichtbar machte. Eigentlich hatte Röntgen die Leitung von Elektrizität in Gasen untersuchen wollen, als ihm die Strahlung aufgefallen war. Röntgen selbst nannte sie »X-Strahlen« – unbekannte Strahlen. Und er ruhte nicht, bis er die Wirkung seiner sensationellen Entdeckung erprobt hatte. Die ersten Röntgenbilder entstanden am 22. November 1895 im Selbstversuch. Der Wissenschaftler nahm zuerst seine Hand, dann die seiner Frau Bertha röntgenfotografisch auf – mit zwanzigminütiger Durchleuchtungszeit. Als der Fünfzigjährige am 28. Dezember 1895 seine Abhandlung über *Eine neue Art von Strahlen* mit einigen Röntgenaufnahmen bei der Physikalisch-Medizinischen Gesellschaft in Würzburg einreichte, wusste er, dass er damit eine Lawine lostreten würde. Tatsächlich war schon bald, wie er bemerkte, »der Teufel los«. Sogar Kaiser Wilhelm II. hatte »mit tiefstem Erstaunen in der Zeitung« von »Röntgens weltbewegender Entdeckung« gelesen und den Professor zu einem Vortrag nach Berlin eingeladen. Seine Forschungsergebnisse legte Röntgen in drei Publikationen dar. Nur zweimal hielt er darüber einen Vortrag: vor der Physikalisch-Medizinischen Gesellschaft in Würzburg und vor dem Kaiser in Berlin. Die weitere wissenschaftliche Auswertung überließ er seinen Kollegen. Die Entdeckung der Röntgenstrahlen war ausschlaggebend für weitere wissenschaftliche Sensationen: die Identifizierung des Atoms und die Entdeckung der Radioaktivität durch Henri Becquerel im April 1896.

Dabei war Röntgen bis zu dieser Entdeckung ein eher unauffälliger Wissenschaftler gewesen. Seine Jugendjahre hatte er im niederländischen Apeldoorn verbracht. Die Technische Schule in Utrecht versagte ihm wegen eines Schülerstreichs das Abitur. In Zürich durfte er trotzdem Maschinenbau und Physik studieren. Nach der Promotion schlug er die wissenschaftliche Laufbahn ein und habilitierte sich 1874 in Straßburg. 1888 erhielt Röntgen einen Ruf als Physikprofessor an die Universität Würzburg, wo er in Ruhe experimentieren konnte und schließlich auf die X-Strahlen stieß. Typisch war Röntgens Reaktion auf die Ehrungen, die ihm deswegen zuteil wurden: Auf dem Höhepunkt der Euphorie entzog er sich dem Trubel, indem er mit seiner Frau nach Italien reiste. Eine Patentierung seiner Entdeckung, die ihm und den Seinen ein Leben im Wohlstand garantiert hätte, lehnte er ab. Die Menschheit, so Röntgen, sollte die wissenschaftliche Errungenschaft so schnell wie möglich nutzen können. Seine Forschungsarbeit setzte er unbeirrt fort. 1900 folgte er einem Ruf an die Universität München, wo er bis zur Emeritierung im Jahr 1920 blieb. Am 10. Dezember 1901 wurde Röntgen mit der höchsten Auszeichnung für Naturwissenschaftler geehrt: Er erhielt den ersten Nobelpreis für Physik, der vergeben wurde. Der öffentlichkeitsscheue Röntgen verließ die Veranstaltung Hals über Kopf, ohne den Vortrag zu halten, der von ihm erwartet wurde. Das Preisgeld von 50 000 Kronen stiftete er der Würzburger Universität.

»Ich dachte nicht, ich untersuchte.«

RÖNTGEN

Nach dem Tod seiner Frau 1919 vereinsamte Röntgen zunehmend. Sein Vermögen war in den Wirren des Ersten Weltkriegs dahingeschmolzen. Ein gänzlich sorgenfreies Leben blieb ihm deshalb am Ende seines Lebens verwehrt. Am 10. Februar 1923 starb er in München an einem Darmkarzinom, möglicherweise infolge seiner Strahlenversuche. Im Testament hatte er verfügt, dass sein wissenschaftlicher Nachlass verbrannt werden sollte. Da er sich zeitlebens weder mündlich noch schriftlich über die Umstände seiner Jahrhundertentdeckung geäußert hatte, stehen wir bis heute vor einem Geheimnis der Geschichte. ■

Heinz Rühmann 1902* 1994†

Heinz Rühmann – Er liebte die leisen Töne. Die Rolle des kleinen Mannes brachte er mit seinem Spiel zur wahren Größe. Doch hinter der Maske steckte ein Schauspieler, der auch die Irrungen deutscher Geschichte verkörpert.

Er schaffte es, Generationen von Deutschen zu begeistern. Und es kostete ihn nur ein leises Lächeln. Es war jenes typische schelmische Lächeln, das zu sagen schien: »Komm schon, halb so wild. Wir werden das Ding schon schaukeln.« Heinz Rühmann hat sich in die Seele einer Nation gespielt. Es gab viele Schauspieler, die besser waren als er. Doch einzigartig war, dass er mit seinem Publikum auf Augenhöhe war. Bei ihm verschwammen Rolle und Realität, sodass seine Fans glaubten, er wäre wirklich für jeden »ein Freund, ein guter Freund«. Man nahm ihm den Pennäler Pfeiffer mit drei F ab, dachte, er würde es wagen, den »großdeutschen Gruß« tatsächlich und nicht nur im Film mit einem nuscheligen »Nadennheilhitler« zu absolvieren. Heinz Rühmann gab wie kein anderer Schauspieler im 20. Jahrhundert den Deutschen das Gefühl, Widersprüche meistern, immer mitmachen und trotzdem sauber bleiben zu können. Er war ein kleiner Mann, in dem sich die Menschen wiedererkannten, ein Spiegel, der sie und ihr Leben gut aussehen ließ.

1930 ***Die Drei von der Tankstelle***
1938 **Scheidung von seiner jüdischen Frau**
1944 **Premiere von *Die Feuerzangenbowle***
1946 **Rühmann erhält Spielverbot**
1950 **Seine Filmfirma geht in Konkurs**
1956 **Comeback als »Hauptmann von Köpenick«**
1993 **Letzter Auftritt in *In weiter Ferne so nah***

Aber dieser Spiegel hatte Sprünge. »Er war ein Star zum Anfassen, obwohl er sich nicht anfassen ließ«, urteilt sein Biograf Fred Sellin. Der Superstar von nebenan, der das Bad in der Menge hasste und sparsam mit dem »Du« umging, wurde während des Nationalsozialismus Opfer der Besessenheit, seine Spielkunst unters Volk bringen zu müssen. Im Gegensatz zu vielen Kollegen blieb er im Land, als die Nazis den deutschen Film gleichschalteten: »Wir lebten, als ginge uns das alles nichts an.« Sein berühmtester Film *Die Feuerzangenbowle* feierte in Berlin eine glänzende Premiere, obwohl die Alliierten in der Nacht über 4000 Ton-

nen Bomben über der Stadt abgeworfen hatten. »Ich war ein Schauspieler, sonst nichts«, rechtfertigte sich Rühmann. Wohl wahr. Und einer der höchst bezahlten obendrein. Er vollzog dafür einen nahezu grotesken moralischen Spagat: Einerseits schätzten die Machthaber seine Kunst als systemerhaltend, und es hagelte Hauptrollen. Andererseits zwangen die Nazis ihn zur Auflösung seiner, wenngleich seit langem nur noch auf dem Papier bestehenden Ehe mit der Jüdin Maria Bernheim. Dann kam heraus, dass auch seine zweite Frau, Hertha Feiler, »nichtarisch« war. Ein gefährlicher Skandal, den Rühmann nur aufgrund seiner engen Kontakte zu Propagandaminister Joseph Goebbels überstand. Erst dessen ausdrücklicher Befehl bewirkte die Schließung der »Akte Rühmann«. Während der NS-Zeit wirkte Heinz Rühmann in dutzenden von Filmen mit. Meist Unterhaltung, aber auch Propaganda. Weil er erpressbar war? Weil er in der obersten Liga weiterspielen wollte? Wohl beides.

»Das Schicksal des kleinen Mannes und was er zu sagen hat ist soviel interessanter als das, was große Persönlichkeiten von sich geben.«

Rühmann

Der Publizist Michael Tötenberg urteilte über die Schauspieler während der NS-Zeit: »Sie spielen eine Rolle, für das Stück fühlten sie sich nicht verantwortlich.« In dieser Hinsicht glich Rühmann wie in seinen Filmen dem Mann auf der Straße. Konnte er deshalb nach 1945 fast nahtlos an den alten Ruhm anschließen? Das Auftrittsverbot nach dem Krieg wegen seiner NS-Verstrickung und die Pleite seiner Produktionsfirma 1950 waren nur Zwischenstopps. Aber diese Erfahrungen veränderten ihn. Rühmanns Spiel wurde vielschichtiger. »Solange wir leben, müssen wir unterwegs bleiben«, sagte Rühmann. Er ging einen weiten Weg. Von *Die Drei von der Tankstelle* über *Charleys Tante* bis zum Clown, der seine Lieblingsrolle wurde. »Ich bin glücklich, wenn die Leute mitten aus dem Lachen heraus ganz still werden«, sagte er. In der Jugend komisch-frech, im Alter humorvoll-weise, »... um den Menschen klar zu machen, dass Trauer und Schmerz zum Leben dazugehören« –, so hat er sich ins Gedächtnis der Deutschen gespielt. Für immer? Fest steht: »Das gibt's nur einmal, das kommt nicht wieder.« Er war einmalig. Es ist, als sei dieser große kleine Mann niemals wirklich gegangen. ■

Claudia Schiffer 1970*

Friedrich von Schiller 1759* 1805†

Friedrich von Schiller – Vom »Jungen Wilden« zum Weimarer Klassiker, vom politischen Flüchtling zum deutschen Nationaldichter. Er erfand das Theater neu, schuf unsterbliche Verse und steht bis heute unverdient im Schatten seines Freundes Goethe.

Am Abend des 30. Januar 1782 stand ganz Mannheim Kopf. Das Nationaltheater glich einem Irrenhaus. Die Herren ballten die Fäuste, die Damen wankten halb ohnmächtig zum Ausgang. Grund für den Tumult: ein überspannter Jüngling aus der schwäbischen Provinz, dessen Debütwerk *Die Räuber* eben Premiere hatte. Der Autor wurde über Nacht zum Star, das Stück zum Kult: das erste anti-bürgerliche Propaganda-Drama, ein spätes Highlight des »Sturm und Drang«. Die Helden: Rebellen und Revoluzzer. Motto: »Mein Geist dürstet nach Taten, mein Atem nach Freiheit.« Das traf den Nerv einer Generation am Vorabend historischer Umwälzungen. Für Schiller selbst war der Theatercoup ein Befreiungsschlag. Er, der gerne Pfarrer werden wollte, war vom Herzog von Württemberg in dessen Militärakademie gesteckt, zum Jura-, später zum Medizinstudium gezwungen worden. In der Eliteanstalt entwickelte er jene leidenschaftliche Abneigung gegen die Willkür des absolutistischen Regimes, gegen Philistertum und Ignoranz, die sein ganzes Schaffen prägen sollte. Doch seine »Lust am höheren Indianerspiel« (Thomas Mann) brachte zunächst nur Unheil. Getroffen vom Zorn des Landesherrn, blieb ihm nur die Flucht. Bewaffnet mit den Oden Klopstocks und zwei kaputten Pistolen, ging er im September 1782 in ein langes Exil. Da ahnte keiner, dass dieser hagere Rotschopf, der weder seine Nerven noch seinen schwäbischen Dialekt in den Griff bekam, einmal zum Abgott deutscher Patrioten und zu einem der meistgespielten Dramatiker werden würde.

1782 **Uraufführung *Die Räuber*, Flucht ins Exil**
1786 **Ode *An die Freude***
1794 **Freundschaft mit Goethe**
1799–1801 ***Wallenstein, Maria Stuart, Die Jungfrau von Orleans***
1802 **Verleihung des Adelstitels**
1804 ***Wilhelm Tell***

Künstlerische Rückschläge, permanente Geldnot: Der *Fiesko* ist ein Fiasko, *Kabale und Liebe* zu schwierig für das Publikum. Schiller hatte kei-

nen Lebensmittelpunkt, war auf der Flucht vor Gläubigern und unglücklichen Liebschaften, bis er Zugang zur Kulturszene von Weimar fand und bald eine Professur in Jena erhielt. Eine gesicherte Existenz war in Sicht, er heiratete, wurde Vater. Doch eine chronische Rippenfellentzündung machte die akademische Karriere zunichte und das Schreiben zur Tortur. Schiller ahnte, dass er wenig Zeit haben würde, seine Mission zu erfüllen. Die lautet: Erziehung des Menschen zu einem vernünftigen, freien Wesen. Das Mittel: die Kunst, speziell das Theater, das er als »moralische Anstalt« neu erfand, als Forum humanistischer Ideale, als Ort der psychologischen Analyse und der Zeitkritik. »Richtigere Begriffe, geläuterte Grundsätze, reinere Gefühle fließen von hier durch alle Adern des Volkes, der Nebel der Barbarei, des finsteren Aberglaubens schwindet, die Nacht weicht dem siegenden Licht.« Die Freundschaft mit Goethe brachte ab 1794 neue Impulse, in fieberhaftem Schaffensdrang entstanden kolossale Dramen: *Wallenstein, Maria Stuart, Die Jungfrau von Orleans, Die Braut von Messina*. Die Endphase war ein Kampf des kreativen Geistes gegen einen todkranken Körper – *Wilhelm Tell* war Schillers größter und letzter Erfolg. Trotzdem: Als er am 9. Mai 1805 starb, war die Hypothek für das Haus noch nicht abbezahlt, seiner Witwe hinterließ er 1100 Taler Schulden.

Goethe und Schiller: deutscher Geist im Doppelpack. Doch wem gebührt die Krone, wenn man sich entscheiden müsste? Dem souveränen geschmeidigen Alleskönner Goethe, der sich schon zu Lebzeiten als Klassiker auf dem Olymp von Weimar inszenierte? Oder dem sperrigen Denker und rastlosen Sinnsucher, dem oft unterschätzten Schiller, der nicht in Weimar, der nirgends in Deutschland, der nur in der Sprache und in seiner Vision einer besseren Welt zu Hause war? Was die Wirkung im Ausland betrifft, rangierte Goethe hinter Schiller: den machten die Franzosen schon 1792 zum Bürger ihrer Republik, die Russen später zu ihrem »Advokaten der Menschheit«. Und: Schiller glückte, was dem Universalgenie Goethe verwehrt blieb. Er schuf mit der Ode *An die Freude* den Text zum Soundtrack des Jahrtausends, jener Hymne, die heute zu den internationalen Kulturschätzen gehört. ■

»Ich schreibe als Weltbürger, der keinem Fürsten dient.« SCHILLER

Oskar Schindler 1908* 1974†

Max Schmeling 1905*

■ **Max Schmeling – Sein K.-o.-Sieg gegen den vermeintlich unbezwingbaren Joe Louis in New York machte ihn 1936 zum Mythos. Dieser »Kampf des Jahrhunderts« machte ihn zur größten Boxlegende Deutschlands.**

»Aus, aus, aus!«, brüllte Rundfunkreporter Arno Hellmis mit heiserer Stimme ins Mikrofon. Zu Hause in Deutschland saßen Millionen zu nächtlicher Stunde vor den Volksempfängern und konnten es kaum glauben: Max Schmeling hatte den »braunen Bomber« Joe Louis besiegt – in einem Jahrhundertboxkampf. Überall brach unglaublicher Jubel los, die Nacht wurde zum Tag gemacht. »They never come back« – Max Schmeling hatte dieses eherne Gesetz des Boxsports Lügen gestraft. Er war zurückgekommen – mit einem Paukenschlag. Profiboxer war er seit 1924, bald auch Deutscher Meister und Europameister im Halbschwergewicht. 1930 hatte er seine erste Weltmeisterschaft im Schwergewicht gegen den Amerikaner Jack Sharkey gewonnen, durch Disqualifikation seines Gegners. Nachdem er seinen Titel verteidigt hatte, verlor er ihn nach einer strittigen Punktrichterentscheidung zwei Jahre später ausgerechnet an Sharkey. Und jetzt dieser Kampf gegen Louis! Der galt damals als unbesiegbar und hatte 27 Kämpfe hintereinander ohne Niederlage zu Buche stehen. Doch an jenem 19. Juni 1936 geschah im New Yorker Yankee-Stadion das Unglaubliche: Schmelings Rechte schickte Louis in der 12. Runde auf die Bretter. Sieg durch k.o.! Sieg für Max Schmeling!

1924	**Erster Profikampf**
1927	**Europameister im Halbschwergewicht**
1930	**Weltmeister im Schwergewicht**
1932	**Schmeling verliert seinen WM-Titel**
1936	**Sieg gegen Joe Louis**
1938	**K.-o.-Niederlage gegen Louis im Revanchekampf**
1948	**Ende der Boxkarriere**

Dieser Sieg machte Schmeling in Deutschland nicht nur bei der Bevölkerung zum Sportidol – der Vorzeigeathlet konnte die politische Vereinnahmung durch die Nazis nicht verhindern. Die NS-Propaganda stilisierte seinen Sieg zum »Beweis« für die Überlegenheit der »weißen Rasse«. »Schmeling schlägt den Neger k.o. und hat für Deutschland gesiegt«, notierte Minister Goebbels begeistert in sein Tagebuch. »Max

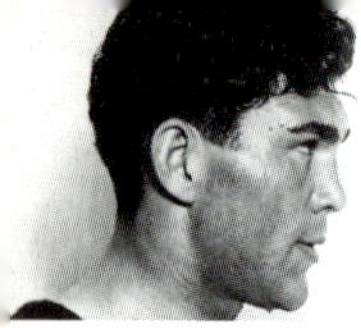

Schmelings Sieg – ein deutscher Sieg« hieß folgerichtig der Film, der im Sommer 1936 in allen Kinos des Reiches lief. Auch Hitler schmückte seine Empfänge gern mit dem strahlenden Boxhelden. Schmeling wurde zu großen Anlässen eingeladen und mit der Prominenz des Dritten Reiches abgelichtet. Der Rückkampf gegen Louis 1938 wurde endgültig zum Politikum. Die US-Presse erklärte ihn zum Kampf »Unterdrückter« (Louis) gegen »Unterdrücker« (Schmeling). Diese Last konnte und wollte der Deutsche nicht tragen – schon nach 124 Sekunden wurde er k.o. geschlagen. »Ein erneuter Sieg über Joe Louis hätte mich vielleicht wirklich zum ›Parade-Arier‹ des Dritten Reiches gemacht«, erklärte er im Nachhinein. So aber kam es zum Karriereknick, das Regime ließ den »Verlierer« fallen. Als einer der wenigen Spitzensportler wurde er schon 1940 eingezogen und entrann als Fallschirmjäger knapp dem Tod.

»Sicherlich habe ich meine Siege allein erkämpft, aber dass ich zum Idol wurde, verdanke ich mehr der Zeit als mir selber.«
Schmeling

Schmeling, beileibe kein Nationalsozialist, bemühte sich stets um Distanz zum Regime. »Die Nazis haben versucht, mich zu benutzen«, schrieb er später. »Aber ich habe mich der Nazis bedient, um anderen Menschen zu helfen.« Erst vor wenigen Jahren wurde bekannt, dass er nach der »Kristallnacht« verfolgten Juden zur Flucht verhalf. Es sind deshalb nur zum Teil seine Erfolge als Boxer, die ihn so einzigartig machen. Er verdankt seine ungebrochene Popularität vor allem dem Umstand, dass er Symbol der Zeiten war, durch die es galt, sich »durchzuboxen«. In den Zwanzigern war ihm der Aufstieg aus bescheidenen Verhältnissen zu gesellschaftlicher Anerkennung geglückt. Während der NS-Zeit meisterte er die Gratwanderung zwischen Opportunismus und Widerstand und musste nach dem Krieg wie viele andere ganz von vorn anfangen. Noch einmal stieg er, mit über vierzig, in den Ring, um sich das Startkapital für eine neue Existenz zu erkämpfen – als Tabakfarmer und Nerzzüchter, ehe ihn eine Abfüll-Lizenz für Coca-Cola zum Millionär machte. Dabei blieb er stets »anständig«, ohne Überheblichkeit. Tugenden wie Tüchtigkeit und Bescheidenheit lebte er vor, spendete ein Gutteil seines Vermögens für wohltätige Zwecke. So ist nicht nur der Boxer, sondern auch der Bürger Max Schmeling bis heute ein Vorbild. ■

HARALD SCHMIDT 1957*

■ **Harald Schmidt – Vom Kotzbrocken zum Retter des Abendlands. Erst versetzte er mit seiner Bosheit ganz TV-Deutschland in Aufruhr, dann machte er Bach und Kant zu Showacts.**

Gemein sei er gewesen, habe sie verfolgt und ihnen schreckliche Anzüglichkeiten ins Ohr geflüstert. Der junge Harald war ein Klassenclown und Mädchenschreck, beteuern noch heute seine ehemaligen Mitschülerinnen im schwäbischen Nürtingen. Aber Harald Schmidt, der aus gutem katholischen Elternhaus stammte, hatte auch eine sanfte Seite: Er liebte die Choralwerke Johann Sebastian Bachs und brillierte als Chorleiter und Organist der örtlichen Kirchengemeinde. Nach dem Abitur besuchte Schmidt die Schauspielschule, erhielt ein Engagement in Augsburg, folgte dann dem Ruf von Lore Lorentz zum Düsseldorfer Kom(m)ödchen, wo er sich als scharfzüngiger Vorlagengeber und als Interpret eigener Programme profilierte. Nachdem er Redakteuren des WDR auf dem Parkplatz aufgelauert hatte, um ihnen selbst verfasste Sketche in die Hand zu drücken, öffneten sich ihm 1988 tatsächlich die Pforten des Fernsehens – erst »MAZ ab!«, dann die Formate »Pssst ...« und »Schmidteinander«. Er verpasste der ARD mit seinen unerhörten Sottisen ein solches Avantgarde-Image, dass sie ihm die große Samstagabend-Show »Verstehen Sie Spaß?« anvertraute. Aber Lästermaul Schmidt war nicht massenkompatibel. Seine halsbrecherische Ironie verprellte das Familienpublikum, die Quote sank dramatisch. Schmidts großes Idol Rudi Carrell soll zu Hause ausgerastet sein und mit Geschirr um sich geworfen haben. Der Altmeister erkannte klar: Schmidt war hier falsch.

1978–1981 **Schauspielschule in Stuttgart**
1984 **Düsseldorfer Kom(m)ödchen**
1988 **»MAZ ab!« (ARD)**
1992 **»Verstehen Sie Spaß?« (ARD)**
1995 **»Die Harald-Schmidt-Show« (SAT 1)**
2002 **Ensemblemitglied Schauspielhaus Bochum**

Nach diesem Flop wechselte Harald Schmidt für eine Late-Night-Show zu SAT1. Seine Sendungen dort waren für viele die reinste Zumutung. Er pöbelte, erzählte Polenwitze und räkelte sich in trashigen Sketchfilmen. Wichtige Zeitungen schäumten vor Wut und prophezeiten Dirty

Harry ein schnelles Ende: »Wie lange darf er noch schmuddeln?«, empörte sich die Münchner *AZ*. Diese Letterman-Kopie sei »zappelig, zotig und peinlich«, mäkelte die *Süddeutsche*. Doch Totgesagte leben länger: Ein Jahr später sind Zuschauer und Meinungsführer umgeschwenkt, Schmidt wird mit Preisen überhäuft. Für sein »ständiges Spielen mit Vorurteilen und Klischees in der besten Nonsens-Tradition seit Ringelnatz und Morgenstern«, so Alice Schwarzer in ihrer Laudatio, erhält er den renommierten Medienpreis für Sprachkultur. Heute stemmt sich Schmidt der drohenden Dekadenz des Abendlands entgegen – angesichts der grassierenden Bildungskatastrophe wirbt er für griechische Götter und biblische Propheten, für Bach und Immanuel Kant. Eine Sendung lief komplett auf Französisch. Die harte Dirty-Harry-Tour ist längst Geschichte, sein neuerliches »sanftes Parlando« (Schmidt) hat ihm im achten Jahr einen Schnitt von 1,4 Millionen Zuschauern eingebracht, so viel wie nie zuvor. Schmidt hat keine natürlichen Feinde mehr. Die *Bild* druckt täglich seine besten Gags und die Feuilletons buhlen darum, kluge und ironische Interviews mit ihm führen zu dürfen. Seinen Erfolg verdankt Deutschlands bester TV-Entertainer nur sich selbst, denn er hat sich kein bestehendes Topformat anverwandelt, sondern ein solches mit der »Harald-Schmidt-Show« selbst erschaffen.

»Zur Wirklichkeit habe ich keinen Kontakt mehr: Mein Größenwahn ist, dass ich mich für den größten Entertainer aller Zeiten halte.«
SCHMIDT

Manche sehen in dem vermeintlichen Brandstifter mit dem fiesen Grinsen gar einen Aufklärer und Moralisten. Nach dem 11. September setzte Schmidt seine Show zwei Wochen lang aus, was ihm die Medienkritik hoch angerechnet hat. Auch trifft sein Spott die Eitlen und Reichen aus Boulevard und Politik und nicht den kleinen Mann, nicht »die Beladenen und Beleidigten draußen im Lande« (*Spiegel*), die treu zu ihrem Rächer stehen. In Sachen Humor ist Schmidt zutiefst undeutsch. Und weil das deutsche Buch des Humors dünn ist, sind wir so stolz auf ihn, dass er auch uns bisweilen den Spiegel unserer Piefigkeit vorhalten darf. Es ist nicht allzu verwegen zu behaupten, dass seine lustvollen Verstöße gegen die Political Correctness die komplizierten Deutschen zu einem humorvolleren und toleranteren Volk gemacht haben. ■

Helmut Schmidt 1918*

Helmut Schmidt – Als Kanzler erwarb er sich den Ruf des kühlen Krisenmanagers und zeigte im Kampf gegen die RAF, dass Demokratien sich nicht erpressen lassen. Der »Lotse« lenkte das Staatsschiff durch gefährliche Untiefen.

In den schwersten Stunden seiner Amtszeit war ihm nur ein kurzer Moment der Erleichterung vergönnt: In der Nacht auf den 18. Oktober 1977 bekam er aus dem somalischen Mogadischu die Meldung, dass die Elitetruppe GSG 9 alle Touristen aus der entführten Lufthansa-Maschine »Landshut« befreit hatte. Doch irgendwo in Deutschland hielten Terroristen noch immer eine einsame Geisel fest: Der Arbeitgeberpräsident Hanns-Martin Schleyer war seit dem 5. September in der Hand der Rote Armee Fraktion (RAF), die ihre Komplizen aus dem Gefängnis Stammheim freipressen wollte. Die Nachricht aus Mogadischu, das ahnte der Kanzler, war das Todesurteil für Schleyer – zwei Tage später wurde dessen Leiche gefunden. Zuvor hatten sich die inhaftierten Terroristen das Leben genommen. Terror, Tote, tragische Entscheidungen – der »heiße Herbst 1977« wurde zur Bewährungsprobe für Bundeskanzler Helmut Schmidt. Er zeigte Härte und nahm eine Mitverantwortung für den Tod Schleyers auf sich: »Wir wussten, dass es nichts einbringt, wenn man diese Verbrecher freilässt. Wir wussten, dass sie wiederkommen und wieder Menschen töten würden«, erklärte der Kanzler, dem für seine Haltung weltweit Respekt gezollt wurde.

1946 **Eintritt in die SPD**
1953 **Erstes Bundestagsmandat**
1969 **Verteidigungsminister unter Brandt**
1974 **Bundeskanzler**
1982 **Sturz durch konstruktives Misstrauensvotum**

Schmidt hatte schon früher bewiesen, dass er krisentauglich war: Als Hamburger Innensenator hatte er die Folgen der großen Sturmflutkatastrophe im Februar 1962 bravourös gemeistert und galt seitdem als »Macher«. Als aggressiver Redner erwarb er sich auf Bundesebene bald den Beinamen »Schmidt-Schnauze«; als Minister bewährte er sich in der Regierung Brandt. Die geriet in Turbulenzen – wirtschaftlich durch die erste Ölkrise, innenpolitisch durch Reformstreit und die Spionage-

Affäre um Günter Guillaume. Der amtsmüde Brandt trat im Mai 1974 die Kanzlerschaft an Schmidt ab. »Der beste CDU-Kanzler, den die SPD je hatte«, lobten bald sogar Anhänger der Opposition. Intellektuell stets überzeugend, verbreitete Schmidt die Aura, über den Parteien zu stehen. Doch er war angesichts wirtschaftlicher Dauerkrisen ein Verwalter leerer Kassen – SPD-Linke kritisierten seine Innenpolitik als »zu wenig sozialdemokratisch«. Dafür brillierte der Kanzler außenpolitisch. Mit seinem Freund, dem französischen Präsidenten Giscard d'Estaing, initiierte der Diplomvolkswirt den ersten Weltwirtschaftsgipfel und versuchte als »ehrlicher Makler« zwischen den Supermächten USA und UdSSR im Sinne einer Entspannungspolitik zu »dolmetschen«. Doch als sein Verhandlungspartner Breschnew weiter aufrüstete, machte sich Schmidt 1979 konsequent für den Nato-Doppelbeschluss, die Nachrüstung des Westens, stark. Diese sehr pragmatische Art der Friedenssicherung entfremdete ihn zunehmend der SPD, der jungen Partei der »Grünen« trieb er viele friedensbewegte Wähler zu. Das Ende der Regierung Schmidt führte allerdings die FDP im Herbst 1982 herbei – durch einen Koalitionsbruch. Die Liberalen wollten eine Wirtschaftskonsolidierung, doch die war mit einer Sozialdemokratie, die dem Kanzler ständig in den Rücken fiel, nicht zu machen.

»Die Demokratie lebt vom Kompromiss. Wer keine Kompromisse machen kann, ist für die Demokratie nicht zu gebrauchen.« Schmidt

»Macher, Mütze, Mogadischu« – so brachte eine Schlagzeile Schmidts Image auf den Punkt. Doch hinter der Fassade des Machers mit der Lotsenmütze blieb und bleibt verborgen, dass der kühle Hanseat auch ein musischer Mensch ist, der Malerei und Musik liebt. Als Kanzler erwarb er sich den Ruf eines Staatsmannes von internationalem Format. Die Mittelmacht Deutschland etablierte er auf wirtschaftlichem und politischem Gebiet als wichtigen Impulsgeber. Den Visionär Brandt hat seine Partei geliebt, den Pragmatiker Schmidt (»Wer Visionen hat, soll zum Arzt gehen!«) hat sie respektiert – und das reichte ihm. Heute genügt es dem Elder Statesman, als Herausgeber einer großen Wochenzeitung ab und zu das Wort zu ergreifen und zu wissen, dass sein Rat noch immer Gehör findet, seine Stimme immer noch Gewicht hat. ■

Romy Schneider 1938* 1982†

■ **Romy Schneider – Ihr Leben war eine Suche nach privatem Glück, ihr Arbeiten eine Suche nach dem vollendeten Schauspiel. Der Mythos Romy Schneider ist ungebrochen. Kein Weihnachtsfest ohne *Sissi* – die Rolle, die Romy Schneider berühmt machte und sie ihr Leben lang verfolgte.**

Die Perücke drückt schwer. Die junge Frau bekommt Kopfschmerzen, das grelle Licht der Scheinwerfer blendet. Eigentlich will sie gar nicht mehr weiterdrehen, aber die Verträge sind bindend. Dreimal war Romy Schneider Sissi. Dreimal spielte sie die junge österreichische Kaiserin, die, in der bayerischen Provinz aufgewachsen, an der höfischen Etikette fast zerbricht. Die Filme waren aufwändig, bombastisch, mit untrüglichem Instinkt für Charme und Sentiment inszeniert. An der Seite von Karlheinz Böhm wurde Romy Schneider zum Publikumsliebling. Sie sollte alle Mädchen zum Träumen bringen von Kutschen, Schlössern und Prinzessinnenkleidern.

Romy Schneider hieß eigentlich Rosemarie Magdalena Albach und war die Tochter des Schauspielerehepaars Wolf Albach-Retty und Magda Schneider. Die Eltern trennten sich früh, Romy wuchs bei der Mutter in Berchtesgaden und in Internaten auf. Es war Magda Schneider, die ihre Tochter zum Film brachte. Sie spielten zusammen, die Mutter blieb immer an ihrer Seite und war ihre Förderin und Beraterin. Mit 17 drehte Romy Schneider *Sissi*. Ihre Versuche, dem süßlichen Image der Prinzessin zu entkommen, blieben lange erfolglos, bis ein Anruf aus Paris kam: Sie sollte die Hauptrolle in *Christine* übernehmen, ihr Filmpartner: Alain Delon. Die erste Begegnung der beiden jungen Schauspieler am Pariser Flughafen war nichts sagend, fast feindselig. Und doch: Die beiden wurden ein Paar, Romy Schneider zog Hals über Kopf nach Paris, denn »Paris, das war Alain für mich«. Eine Liebesgeschichte, die von der Öffentlichkeit gierig verfolgt und von Filmproduzenten geschickt ausgenutzt wurde. In Frankreich nahm man sie

1953 **Filmdebüt mit Mutter Magda Schneider**
1955–1957 **Dreharbeiten zu *Sissi***
1959 **Umzug nach Paris**
1963 **Preis der französischen Filmakademie**
1971 ***Das Mädchen und der Kommissar***
1977 **Bundesfilmpreis**

als Schauspielerin bald ernst: Sie inszenierte mit Luchino Visconti und spielte in Filmen an der Seite von Yves Montand, Michel Piccoli und Simone Signoret. Für die Leni in Orson Welles' Verfilmung von *Der Prozess* erhielt sie 1963 den Preis der französischen Filmakademie und fand auch in Deutschland Beachtung. Es waren wilde, aufregende, tränenreiche Jahre. Romy und Alain arbeiteten an ihren Karrieren, sahen sich kaum. Die Trennung kam plötzlich – an einem Blumenstrauß klebte ein Abschiedsgruß Alains. Romy Schneider tat, was sie immer tat, wenn sie Kummer hatte: Sie stürzte sich in Arbeit, wurde mehr und mehr zur reifen Charakterdarstellerin, zum gefeierten Star. Ihr Spiel war spontan und leidenschaftlich. Sie hatte nie eine Schauspielschule besucht – vielleicht war das der Grund, warum sie sich selbst nie genügte. Ihre amerikanischen Filmkollegen nannten sie »Miss Worry«, weil sie am Set immer perfektionistisch war.

»Jede Rolle ist für mich ein Einsatz, mit dem ich spiele, eine Wette, die ich unbedingt gewinnen muss.« SCHNEIDER

1966 heiratete sie den Schauspieler und Regisseur Harry Meyen, die beiden zogen nach Berlin. Romy Schneider bekam einen Sohn und arbeitete wenig. Sie begann sich zu langweilen, die Ehe bekam Risse. 1968 kam wieder ein Anruf aus Paris: Alain Delon bot ihr die Hauptrolle in dem Film *Der Swimmingpool* an. Eine traurig-schöne Liebesgeschichte. Sie sagte zu. Die Sensation war perfekt. Romy in den Armen ihres Ex-Geliebten, eine leidenschaftliche, schöne Frau, die alle an die Wand spielte. Der Film wurde ein Riesenerfolg, Romy Schneider der Stolz Frankreichs. »Das schönste Geschenk Deutschlands seit Marlene Dietrich«, schwärmte *Paris Match*. Mit *Das Mädchen und der Kommissar* konnte sich Romy schließlich auch in Deutschland als Charakterdarstellerin etablieren. Ihr Privatleben war jedoch von Tiefschlägen geprägt: Die Ehe mit Harry Meyen zerbrach; 1976 heiratete Romy Daniel Biasini und bekam ihr zweites Kind, doch auch diese Verbindung sollte nicht lange halten; 1981 traf sie schließlich der Schicksalsschlag, der ihren Lebensmut brach: Ihr Sohn David stürzte auf die Zacken eines eisernen Gartenzauns und starb. Sie flüchtete sich in Tabletten und Alkohol, arbeitete bis zur physischen und psychischen Erschöpfung. Am 29. Mai 1982 starb Romy Schneider. Sie wurde nur 43 Jahre alt. ■

Hans und Sophie Scholl 1918/1921* 1943†

Hans und Sophie Scholl – Ihr Name ist untrennbar mit der studentischen Widerstandsgruppe Weiße Rose verbunden. Den Protest gegen Krieg und NS-Terror machten sie auf Flugblättern publik – und bezahlten dafür mit ihrem Leben.

18. Februar 1943, Universität München: In den Vorlesungssälen lauschten die Studenten ihren Professoren, der Lichthof des Gebäudes war menschenleer. Plötzlich sah Hausmeister Jakob Schmid im Treppenhaus zwei Personen, die Flugblätter in den Hof warfen. Der regimetreue Pedell stürmte die Treppe hinauf und hielt Hans und Sophie Scholl entschlossen fest. Schmid übergab die Studenten der Gestapo und besiegelte damit ihr Schicksal: Nur vier Tage nach ihrer Verhaftung werden Sophie und Hans – 21 und 24 Jahre alt – unter dem Vorsitz von Roland Freisler zum Tod durch das Fallbeil verurteilt und wenig später hingerichtet. Unmäßige Rache für wahre Worte: »Erschüttert steht unser Volk vor dem Untergang der Männer von Stalingrad. 300 000 deutsche Männer hat die geniale Strategie des Weltkriegsgefreiten sinn- und verantwortungslos in Tod und Verderben gehetzt! … Es gibt nur eine Parole: Kampf gegen die Partei!«, hatte es auf den Flugblättern geheißen. Seit 1942 waren immer wieder ähnliche Aufrufe aufgetaucht, die den Absender Weiße Rose trugen. Obwohl Hans alle Verantwortung auf sich nahm und Sophie stumm blieb, um die Freunde zu schonen, brachte die Verhaftung der beiden die Gestapo einen entscheidenden Schritt voran; bald wurden weitere Mitglieder der »Weißen Rose« nach kurzen Prozessen dem Scharfrichter überstellt. Unter ihnen Christoph Probst, 23 Jahre alt und Vater von drei kleinen Kindern, sowie Professor Kurt Huber, Verfasser jenes letzten Flugblattes, dessen Verteilung den Geschwistern Scholl den Tod brachte.

1937 Gefängnisstrafe für Hans wegen Zugehörigkeit zu einer verbotenen Jugendorganisation
1939 Hans beginnt mit dem Medizinstudium
1942 Sophie: mehrmonatiger Pflichtdienst in einem Rüstungsbetrieb, Beginn des Studiums der Biologie und Philosophie
Hans: Fronteinsatz in Russland
1943 Hinrichtung der Geschwister Scholl wegen »kriegsschädlichen Verhaltens«

Hans und Sophie Scholl waren nicht von Anfang an Gegner des Regimes gewesen. Aufgewachsen in einer religiös geprägten, gutbürgerlichen Ulmer Familie, waren sie zunächst durchaus empfänglich für die NS-Jugendorganisationen. Begeistert von Idealen wie Heimatliebe und Kameradschaftssinn trat Hans der Hitlerjugend und Sophie dem Bund Deutscher Mädel bei. Erste Erfahrungen mit der repressiven Macht des NS-Regimes machte Hans 1937, als er wegen der Zugehörigkeit zu einem verbotenen Jugendbund fünf Wochen in Haft gehalten wurde. Die Kirchenpolitik des Regimes, Gerüchte über Konzentrationslager und die Verfolgung jüdischer Bürger verstärkten die Zweifel der Scholls. Im September 1939 stürzte Hitler Europa in einen neuen Krieg. »Ich kann es nicht begreifen, dass nun dauernd Menschen in Lebensgefahr gebracht werden von anderen Menschen … ich finde es entsetzlich. Sag nicht, es ist fürs Vaterland«, erregte sich Sophie. Im selben Jahr begann Hans sein Medizinstudium in München; nach einer Ausbildung zur Kindergärtnerin und einem Dienstpflichtjahr folgte Sophie ihrem Bruder im Mai 1942 an die Isar. Schon 1941 hatte Hans die Bekanntschaft des katholischen Publizisten Karl Muth gemacht, durch den er andere Kritiker des Regimes kennen lernte. Bald gehörten die Geschwister Scholl der studentischen Widerstandsgruppe Weiße Rose an. »Seid aber Täter des Wortes und nicht nur Hörer allein«, war das biblische Wort, das sie nicht nur zitierten, sondern lebten. Und für das sie bereit waren zu sterben. Der Untergang der 6. Armee in Stalingrad Anfang 1943 trieb die Weiße Rose zu jener letzten Aktion an, die Hans und Sophie das Leben kostete.

> »Sie täuschen sich; ich würde alles noch einmal so machen, denn nicht ich, sondern Sie haben die falsche Weltanschauung.«
>
> Sophie Scholl *bei ihrer Vernehmung*

»Was liegt an meinem Tod, wenn durch unser Handeln Tausende von Menschen aufgerüttelt und geweckt werden?«, fragte Sophie kurz vor ihrer Hinrichtung. Ihre Hoffnung, der Widerstand würde von vielen fortgesetzt werden, hat sich nicht erfüllt. »Der deutsche Name bleibt für immer geschändet, wenn nicht die deutsche Jugend endlich aufsteht, rächt und sühnt zugleich …«, hieß es im letzten Flugblatt der Weißen Rose. Sophie und Hans Scholl waren aufgestanden. Ihr Opfer zeigte der Welt, dass es in Deutschland nicht nur Mittäter oder Mitläufer gab. ■

Gerhard Schröder 1944*

Michael Schumacher 1969*

■ Michael Schumacher – **Die Formel 1 hat einen deutschen Helden, der alle Rekorde bricht. Im Vollgas-Zirkus kommt seit Jahren keiner am »Roten Baron« vorbei.**

Die Boxenmauer hatten die Mechaniker schon erobert, als das hysterische Geräusch mit Tempo 300 in Magny-Cours herannaht. Nur noch eine Schikane, dann der erlösende Moment: Michael Schumacher ist Weltmeister. Und das zum fünften Mal! Nie hat ein Fahrer diesen Titel häufiger gewonnen, nie hat es einer schneller geschafft, und kein anderer hat so viele Einzelrennen für sich entscheiden können. Schumacher rast von Rekord zu Rekord und bringt die Nation ins Schleudern – die Superlative gehen langsam aus. Deutschlands »Motorsportler des Jahrhunderts« entfacht eine Begeisterung für die Formel 1, die nur mit dem durch Boris Becker und Steffi Graf ausgelösten Tennisboom vergleichbar ist. Mit dem Unterschied, dass der adrette Schumacher ein so skandalarmes Leben führt, das ihn fast wie ein »außerirdisches Wesen« wirken lässt, so die *Süddeutsche Zeitung*. Nur wenn es am Saisonende eng wird, zeigt er manchmal Schwächen. In den jeweils letzten Rennen der Saison 1994 und 1997 kollidierte er allzu offensichtlich mit seinen direkten Konkurrenten. Und er verstößt gegen die Regeln. »Schummel-Schumi« hat die ersten »Kratzer im Lack«, titelte die *Frankfurter Rundschau*, doch die Autofahrernation verzeiht ihrem rasenden Champion jede kleine Delle im Image. Ehrgeiz mit einem Schuss Übermut ist eben das Rüstzeug der Sieger.

1974	**Erstes Kart-Rennen**
1991	**Debüt in der Formel 1**
1994	**Zum ersten Mal Weltmeister**
1996	**Wechsel zu Ferrari**
1999	**Unfall in Silverstone, Beinbruch**
2002	**Spende von 1 Million Euro für die Opfer der Elbflut**

Er sei schon als Baby auf einer Motorhaube gewickelt worden, erzählt Schumacher – auch wenn seine Karriere wohl erst mit vier Jahren richtig begann: Vater Rolf baute seinem Sohn den ersten Gokart. Der Feuerungsmaurer konnte schon bald die wachsenden Ambitionen des schnellen Wunderknaben nicht mehr finanzieren. Förderer sprangen ein und der Musterschüler dankte es mit Titeln. Michael kümmerte sich

in jeder freien Minute um die PS-Welt. Und um seinen jüngeren Bruder Ralf. Beide sind zielstrebig, vernünftig und sympathisch, aber »Schumi I« ist schneller. Mit Akribie und Drang zur Vollkommenheit lässt das Jahrhunderttalent nicht nur seine Konkurrenten hinter sich, sondern arbeitet mindestens genauso gewissenhaft an seiner Außenwirkung: Noch vor seinen ersten beiden WM-Siegen im Benetton trainierte er sich den rheinischen Dialekt ab und feilte an seinem Englisch. Schumacher ist ein fleißiger Star, der keinen »Millimeter von der Ideallinie eines perfekten Rennfahrers« abweicht, lobt die *Süddeutsche Zeitung*. Die Öffentlichkeit suchte bislang vergeblich nach Kanten. Selbst der Umzug in ein Steuerparadies wurde ihm vergeben; der gelernte KFZ-Mechaniker muss schließlich irgendwo ungestört Kraft tanken. Kraft zieht er auch aus seiner Liebe zu seiner Frau Corinna. Die Hochzeit habe alle Glücksgefühle übertroffen, selbst den Gewinn der WM, sagt Schumacher. Mittlerweile hat das Paar zwei Kinder, viele Hunde und ein Feriendomizil in Norwegen – weltmeisterlich, auch als Familienvater.

»Eine Sekunde pro Runde weniger, so sagt man, kostet in der Formel-1-Entwicklung 60 Millionen Dollar. Daran gemessen, bin ich eine billige Sekunde.« SCHUMACHER

Nicht nur am Lenkrad beweist der schnelle Kerpener ein sicheres Händchen. 270 Produkte aus der Schumacher-Collection können Fans erwerben. Neben den 40 Millionen Euro, die er im Jahr von Ferrari bekommt, ein einträgliches Nebengeschäft – Risiko wird gut bezahlt. Als er in Silverstone in einen Reifenstapel raste und aus einem Trümmerhaufen geborgen werden musste, dachten viele an das Ende seiner Ära. Unfälle mit Knochenbrüchen machen langsam, heißt es. Doch er kam binnen Wochen zurück und setzte sich sofort wieder an die Spitze des Feldes. Mit Ferrari, der legendärsten Marke des Motorsports, will er noch viel erreichen. »Il Tedesco«, der Deutsche, nennen die Italiener respektvoll den Mann, durch den aus einer chaotischen Riege eine funktionierende Elite-Einheit wurde. Doch trotz der drei WM-Siege zwischen 2000 und 2003 haben die Südländer ein gespaltenes Verhältnis zu ihrem Piloten. Er sei einer für den Ruhm, aber nicht fürs Herz. Das der Deutschen hat er längst erobert, der Überflieger mit den vielen Talenten: Auch als Fußballer umkurvt er die meisten Gegner mühelos. ■

Alice Schwarzer 1942*

volle Wirkung – Stauffenberg, der den Raum unter einem Vorwand vorher verlassen und die Explosion noch abgewartet hatte, floh nach Berlin, ohne jedoch zu ahnen, dass das Attentat missglückt war. Nur der Tod Hitlers hätte viele zögerliche Generäle, die einen Eid auf den Diktator geschworen hatten, von ihrem Gelöbnis entbunden – nur so hätte der Militärputsch Aussicht auf Erfolg gehabt. Die Tatsache, dass der Putsch der Militärs gegen Hitler erst 1944 erfolgte, als sich die Niederlage des Reiches bereits abzeichnete, wird neben der als dilettantisch eingestuften Umsetzung des Vorhabens durchaus kritisch beurteilt. Auch Stauffenberg hatte wie viele andere Offiziere die Machtergreifung 1933 begrüßt. Er war kein Demokrat, hatte konservativ-elitäre Vorstellungen und hoffte, dass Deutschland unter Hitler wieder erstarken würde. Als Soldat bewunderte er, dass Hitler einen totalitären Staat schuf und die Massen für nationale und »wehrfreudige« Ideen mobilisierte. Zu Beginn des Krieges hatte sich Stauffenberg noch von den Erfolgen der Wehrmacht begeistern lassen, doch ab 1942 bekam er Einblick in die erschreckenden Verlustzahlen des Heeres an der Ostfront. Da ahnte er, dass der Krieg nicht mehr zu gewinnen war.

»Es ist Zeit, dass etwas getan wird. Aber wer den Mut auch hat, etwas zu tun, muss es in der Gewissheit tun, dass er als Verräter in die deutsche Geschichte eingehen wird. Wenn er jedoch nichts tut, wird er vor seinem eigenen Gewissen als Verräter dastehen.«

Stauffenberg

Ein wesentliches Motiv für Stauffenberg, sich an einer gewaltsamen Beseitigung Hitlers zu beteiligen, war seine Entrüstung über die brutale Besatzungspolitik in der Sowjetunion und über die systematischen Morde an den Juden. Er wollte weitere Verbrechen des Nazi-Regimes verhindern. Dafür mussten er und seine Mitverschwörer ihren Eid brechen und wie Verbrecher konspirieren. Doch ihr Putsch scheiterte. Die Zentrale der Verschwörer, der Bendlerblock, wurde noch am Abend des 20. Juli von regimetreuen Truppen besetzt. Stauffenberg und seine Kameraden wurden vor Ort zum Tode verurteilt und sofort erschossen. Sie waren einsame Helden – ohne großen Rückhalt im Volk, wohl wissend, dass ihre Tat ein symbolischer Akt war, der Deutschland zumindest vor dem moralischen Untergang retten sollte. ■

Franz Josef Strauss 1915* 1988†

Gustav Stresemann 1879* 1929†

■ **Gustav Stresemann – Er war Kanzler eines Staates, der am Abgrund stand, und Außenminister eines Landes, das verachtet wurde. Doch mit der Kraft der Überzeugung, dass Vernunft die Politik zu regieren habe, sicherte er Deutschland das Überleben.**

Es war eine Szene, wie sie der Völkerbund in seiner Geschichte kein zweites Mal erlebte. Ein Beifallssturm erhob sich, als Gustav Stresemann am 8. September 1926 den Sitzungssaal in Genf betrat. Acht Jahre nach Ende des Ersten Weltkriegs war das einst verhasste Deutschland vollwertiges Mitglied der Staatengemeinschaft – und das war Stresemanns Verdienst. Welch ein Triumph! Noch 1923, als Stresemann Kanzler und Außenminister wurde, schien die Nation dem Tod geweiht. Rheinland und Ruhrgebiet waren von Frankreich besetzt, um milliardenschwere Reparationen zu erzwingen, die der Versailler Friedensvertrag vorsah. Separatisten riefen die »Rheinische Republik« aus. Die Kommunisten drohten in Sachsen und Thüringen mit Umsturz. Rechte Offiziere planten eine Diktatur. Die Hyperinflation führte dazu, dass ein Pfund Zucker 250 Milliarden Mark kostete. Die Menschen verelendeten, täglich kam es zu Unruhen. Und Stresemann stand einer brüchigen Großen Koalition vor, der man die Lösung der Probleme kaum zutraute.

1917	**Fraktionsvorsitz der Nationalliberalen Partei**
1919	**Gründung der Deutschen Volkspartei**
1923	**Außenminister und Kanzler der Weimarer Republik**
1925	**Locarno-Verträge: Verständigung mit ehemaligen Kriegsgegnern im Westen**
1926	**Friedensnobelpreis; Aufnahme Deutschlands in den Völkerbund**

Vor dem Krieg galt Stresemann als nationalliberaler Demokrat, aber überzeugter Monarchist. Im Krieg trat er radikal für Annexionen und einen totalen U-Boot-Krieg ein. Doch die dumpfe Brutalität der Revanchisten, die nach der Revolution 1918 mit Politikermorden die Demokratie bekämpften und einen unsinnigen neuen Krieg wollten, machte ihn zum »Vernunftrepublikaner«. Er lavierte die Weimarer Republik geschickt durch das Krisenjahr 1923, ließ die »Proletarischen Hundertschaften« in Sachsen auflösen, grub den rechten Umsturzplänen in Bay-

ern das Wasser ab. Adolf Hitler reagierte im November 1923 mit einem Putschversuch; eine dilettantische Verzweiflungstat, die im Kugelhagel der Polizei endete. Die Republik zeigte Stärke – und Stresemann Größe. Er erkannte, dass Deutschland wirtschaftliche Prosperität, soziale Stabilität und außenpolitische Verlässlichkeit brauchte, wenn es wieder eine Großmacht sein wollte. Also beendete er nicht nur die Inflation, sondern auch den Widerstand gegen die französische Besatzung und sorgte für eine vertragliche Anerkennung der Westgrenzen. Dass er sich um Verständigung und eine Einbindung Deutschlands in die internationale Gemeinschaft bemühte, machte ihn zum Todfeind der Rechten, auch wenn er eine Teilrevision der Versailler Verträge erreichte und die ersten französischen Truppen abzogen. Nun flossen endlich auch dringend benötigte US-Kredite, Voraussetzung für die wenn schon nicht massiv goldenen, so doch mit Gold überzogenen zwanziger Jahre.

»Es gibt ein unfehlbares Rezept, eine Sache gerecht unter zwei Menschen aufzuteilen. Einer von ihnen darf die Portionen bestimmen und der andere hat die Wahl.« Stresemann

Stresemann blieb zwar nur hundert Tage Kanzler, doch in seinen sechs Jahren als Außenminister stellte er entscheidende Weichen für die Zukunft. In Deutschland schuf er Vertrauen für ein Europa, das kein Feind war, und in der Welt Verständnis für ein Deutschland, das Frieden wollte. Längst war er kein national ausgerichteter Politiker mehr, sondern ein europäischer Staatsmann, der in Aristide Briand einen französischen Partner fand. Doch Hetzkampagnen der Revanchisten und zähe Verhandlungen mit politischen Gegnern zerrütteten die Gesundheit des Mannes, der sich für unverzichtbar hielt. Und das war er auch. Als er am 3. Oktober 1929 einem Schlaganfall erlag, schrieb die Presse: »Wir haben keinen Ersatz für ihn.« Sein Tod und der Schwarze Freitag, der die Weltwirtschaftskrise einläutete, paralysierten die schwache Demokratie. Stresemann hatte stets für eine »Volksgemeinschaft der Vernunft« geworben. Doch in der Not hat Vernunft nur wenig Freunde. Die Frage, ob der erfolgreichste Politiker der Weimarer Republik Hitler hätte verhindern können, bleibt ohne Antwort. Fraglos baute jedoch die rasche deutsch-französische Aussöhnung nach 1945 auf seiner Politik auf. Adenauer und de Gaulle führten fort, was er und Briand begonnen hatten. ■

Beate Uhse 1919* 2001†

Beate Uhse – Sie beging Tabubruch in Serie und hatte ein unbekümmertes Gespür für die geheimen Wünsche der Deutschen. Das machte sie zur Vorkämpferin der sexuellen Befreiung, zur umstrittenen Unternehmerin – und zur Millionärin.

Beate Uhse lebte schon immer lieber ungewöhnlich. Mit 18 wurde sie Berufspilotin, gewann als Kunstfliegerin internationale Wettbewerbe und überführte während des Krieges Jagdbomber an die Front. Im Mai 1945 flog sie um ihr Leben: Sie lenkte das letzte Flugzeug, das es schaffte, aus dem von der Roten Armee belagerten Berlin zu entkommen. An Bord war ihr zweijähriger Sohn, mit dem sie sich in der Nähe von Flensburg niederließ. Beate Uhse stand vor den Trümmern ihres Lebens: Ihr Ehemann war 1944 bei einem Flugunfall umgekommen und die Alliierten verboten ihr, weiter als Pilotin zu arbeiten. Also wurde sie Vertreterin für Plastikartikel. Auf ihren Reisen erfuhr sie immer wieder von ungewollten Schwangerschaften ihrer Kundinnen – angesichts des Nachkriegselends für viele eine Katastrophe. Für Beate Uhse aber schlug damit ihre »Stunde null«: Sie verfasste eine Broschüre mit dem Namen *Schrift X*, eine Anleitung zum Ausrechnen der unfruchtbaren Tage nach der Knaus-Ogino-Methode, und trat damit eine Lawine los. Die Druckkosten der ersten Auflage 1946: fünf Pfund Butter. Selten wurde tierisches Fett besser investiert. Bis 1947 verkaufte sie 20 000 Exemplare. Auf dem platten Land Norddeutschlands begann ein kleines Wirtschaftswunder. Das erste Lager – eine Wickelkommode in einer Kieler Pastorenwohnung, in der Beate Uhse zur Untermiete wohnte – reichte bald nicht mehr aus, da zu den Verhütungsschriften nach kurzer Zeit Erotikprodukte hinzukamen. Auf die »Care«-Pakete voller Kalorien folgten die auffallend-unauffälligen Pakete aus Flensburg, die einen etwas anderen Hunger stillen sollten.

1947 ***Schrift X* wird ein Verkaufsschlager**
1951 **Erster Beate-Uhse-Katalog**
1955 **Wachstumsrate ihres Unternehmens: 125,2 Prozent**
1962 **Der erste Beate-Uhse-Shop wird eröffnet**
1966 **Die Kundendatei umfasst zwei Millionen Adressen**
1999 **Das Unternehmen geht an die Börse**

Im prüden Nachkriegsdeutschland war das ein Geschäft am Rande der Legalität. Schon der Verkauf von Präservativen an Nichtverheiratete galt als strafbare »Anbahnung von Unzucht«. Die erste Vorladung bei der Polizei ließ nicht lange auf sich warten: »Sie haben am 25. Mai 1950 dem Herrn Professor unaufgefordert eine Broschüre mit schweinischem Inhalt zugeschickt. Warum?« Die blonde, schüchterne Frau war sichtlich nervös. Sie bangte um ihren Ruf – in ihrer Familie gab es fast nur Juristen und Pfarrer. Mit der Zeit bekam Uhse allerdings Routine: 2000 Ermittlungsverfahren prasselten in den nächsten vierzig Jahren auf sie ein. Noch 1972 beschäftigte Richter die Frage, ob Spezialpräservative unnatürliche Luststeigerungsmittel seien. Statt ihr zu schaden, trugen die Anzeigen mit dazu bei, dass das »Versandhaus für Ehehygiene Beate Uhse« zu einem der erfolgreichsten Unternehmen Deutschlands wurde.

So ungewöhnlich ihr Geschäft auch war: Im Hause Uhse ging es liberal, aber brav zu. »Wer in einer Konditorei wohnt, bringt nur selten 'ne Torte mit nach Hause«, sagte sie. Ein Haus am Meer, Kinder und eine glückliche Ehe waren ihre Ziele. Letzteres war ihr nicht beschieden. Ihre zweite Ehe scheiterte 1972. »Viele Männer können mit meinem Tempo nicht mithalten«, meinte sie enttäuscht. Sie stürzte sich also noch mehr in die Arbeit: Auf das 1951 gegründete Versandhaus folgten Läden und Kinos, eine Waren- und Filmproduktion, die Übernahme der Sex-Shop-Kette »Dr. Müller's«. Auch international wurde sie aktiv, in den USA sowie über Lizenzpartner in Österreich und der Schweiz. Ein Jahr vor ihrem Tod offenbarte Uhse in ihrem Buch *Lustvoll an den Markt. Strategien für schwierige Märkte* auch ihr Geschäftsgeheimnis: Mut und eine Mission. Feministinnen warfen ihr vor, Frauen als Lustobjekte zu vermarkten. Sie selbst sah sich als Aufklärerin in Sachen Sex und konterte, dass dreißig Prozent ihrer Kunden Frauen seien und sie mit Dessous und Dragées Millionen kaputter Ehen gekittet habe. Keine Statistik kann das bestätigen. Aber niemand wird bestreiten, dass dank Beate Uhses Credo »Ich verkaufe Spaß und Lust für alle« das Sexleben der Deutschen freier und bunter wurde. ■

> »Eine Firma ist unglaublich dankbar. Was du hineinfütterst, schlägt sich irgendwann nieder, zahlt sich aus. Das ist bei menschlichen Kontakten problematischer.« UHSE

Jan Ullrich 1973*

■ **Jan Ullrich – 1997 radelte sich der erste Tour-de-France-Sieger aus Deutschland in die Herzen seiner Landsleute. Seine schwerste Etappe führte durch Suspendierungen und eine Doping-Sperre. 2003 feierte der geläuterte Radrennfahrer ein sensationelles Comeback.**

Nie war die Gelegenheit günstiger: nur 15 Sekunden Rückstand im Klassement auf den Unbesiegbaren am Anstieg nach Luz-Ardiden. Der Favorit strauchelt und stürzt. Jetzt ein paar kräftige Tritte und das begehrte Gelbe Trikot könnte endlich wieder ihm gehören, nach so vielen Jahren der zweiten Plätze hinter Lance Armstrong. Doch Jan Ullrich wartet auf den Kontrahenten – bis der sich wieder berappelt und am Ende den Rhythmuswechsel eiskalt ausnutzt. Ullrich verliert die Tour de France 2003. Und gewinnt sie doch. Die Presse schwärmt vom großen Kampf des einst geschmähten, als eindimensional bezeichneten Sportlers, der »binnen weniger Tage zu einem Allround-Superstar« (*Focus*) avancierte. Auch die Nation nimmt ihren radelnden Helden wieder auf. Der hat sportlich zwar schon alles erreicht, seine schwerste Etappe liegt aber gerade einmal zwölf Monate zurück. Frustriert durch das chronisch entzündete Knie, leistete sich der Rekonvaleszent einen »Ausraster« (Ullrich): Symbolträchtig rammte er am Ende eines nächtlichen Streifzugs mit seinem Porsche einen Fahrradständer. Alkohol am Steuer und Fahrerflucht kosteten ihn nicht nur den Führerschein, sondern auch etliche Freunde. Der stoische, bodenständige und zurückhaltende Sportler Jan Ullrich befand sich offensichtlich in einer schweren Krise.

1983 **Erstes Rennen auf einem geliehenen Rad**
1987 **DDR-Schülermeister**
1997 **Sieger der Tour de France**
2000 **Olympiasieger**
2002 **Sechsmonatige Doping-Sperre**
2003 **Fair-Play-Plakette der Deutschen Olympischen Gesellschaft**

Nur wenige Wochen später das sportliche Aus. Zwei Gute-Laune-Pillen habe ihm »ein falscher Freund« in einer Disco angedreht. Bei Doping, auch wenn es nicht zur sportlichen Leistungssteigerung verwendet wird, kennen Gesellschaft und Geldgeber kein Pardon. Sechs

Monate Sperre und der Rausschmiss aus dem Rennstall machten aus der schnellsten Aktie der Telekom einen Freizeitsportler. Ullrich befand sich »am Scheideweg, nicht nur an dem seiner Karriere, sondern an dem seines ganzen Lebens« (*Spiegel*). Dabei war die Karriere des gebürtigen Rostockers über viele Jahre wie geschmiert verlaufen. Sein Bruder hatte ihn als Neunjährigen zu einem Radrennen mitgenommen. Eigentlich wollte Jan nur zuschauen. Doch die anderen überredeten ihn zur Teilnahme – und er siegte. Schnell kam er im Sportförderungssystem der ehemaligen DDR unter. Nach der Wende ging er mit seinem Trainer von Berlin nach Hamburg und überzeugte nicht nur in der Bundesliga mit kraftvollem Tritt und überragender Technik. Als Amateur-Weltmeister für die großen Teams interessant geworden, debütierte er als 22-Jähriger bei der Tour. Der Grünschnabel schoss überraschend auf Platz zwei vor, ein Jahr später gewann er überlegen die wohl härteste sportliche Herausforderung der Welt. Deutschland klebte nachmittags vor dem Fernseher und diskutierte mit neuen Vokabeln: Die Nation fürchtete sich plötzlich vor einem »Hungerast«, bewunderte »Bergziegen«, verachtete »Lutscher« und hoffte auf »Jan-Ullrich-Wetter«. Der Rotschopf im gelben Trikot war ganz oben angekommen – nur auf den Status Star legte er keinen Wert.

»Wenn man in so jungen Jahren die Tour gewinnt, ist es schwer, einen solchen Erfolg zu wiederholen. Ich war nie richtig am Limit – das wird sich ändern. Ich will 2004 wieder nach der Krone greifen – dem Tour-Sieg.« ULLRICH

Im Kokon seines Teams fühlte sich Ullrich gut aufgehoben, trat ungern aus dem Windschatten ins Scheinwerferlicht. Mit seiner Freundin lebt er mittlerweile zurückgezogen in der Schweiz. Kontrolle brauche er nicht mehr, sagt Ullrich. Die Zeiten, als er sich im Winter, wenn seine Trainer nicht in der Nähe waren, stets ein paar Pfunde zu viel anfutterte, seien vorbei. Der neue Ullrich wirkt locker, befreit und souverän. Mit seiner »ImagekorrekTour« (*Focus*) im Jahr 2003 markierte er einen eindrucksvollen Neuanfang. Vielleicht wird aus dem »komplettesten Rennfahrer«, so Bernard Hinault, auch noch ein großes Vorbild. Als Anführer seines neuen Teams Bianchi will Ullrich jedenfalls Verantwortung übernehmen. So wie er es auch im Privaten getan hat: Für Tochter Sarah Maria geht Jan Ullrich jederzeit gern aus dem Sattel. ■

Richard Wagner 1813* 1883†

»Wir sind wieder wer« – dank elf Fußballern. Zeitzeugen beklagen, dass Walters Spielkunst nachfolgenden Generationen kaum vermittelt werden kann. Es gebe einfach zu wenig bewegte Bilder. So wird dem Fußballvolk jenes Walter-Tor von 1956, das seiner Artistik wegen locker ein »Tor des Jahrhunderts« abgegeben hätte, wohl ewig verborgen bleiben. Zeugen dieses Geniestreichs waren »nur« 120 000 Leipziger, die im überfüllten Zentralstadion in einem Freundschaftsspiel (!) die Walter-Elf aus Kaiserslautern bestaunen wollten. Eine Flanke segelte in den gegnerischen Strafraum. Zu hoch für einen Kopfball. Walter hechtete mit dem Kopf voran unter dem Ball hindurch, um das Leder schließlich – ohne es sehen zu können – mit der rechten Hacke volley ins Tor zu knallen. Technik und Timing auf nie erlebtem Niveau, nur noch zu bewundern auf einem vergilbten Foto. So viel der Fußball Fritz Walter auch verdankt – Fritz Walter verdankt dem Fußball noch mehr: So überlebte er den Krieg allein dank seines Könnens am Ball. Dass ihn der fußballverrückte Jagdgeschwader-Kommandant Hermann Graf für sein Team »Rote Jäger« anheuerte, ersparte dem jungen Mann den Dienst an der Front. Und als Walter in russische Gefangenschaft geriet, rettete ihn der russische Hauptmann Schukow im rumänischen Durchgangslager Marmara-Szigett vor der Deportation nach Sibirien, indem er den Kriegsgegner als Trainer für seine Wachmannschaft anheuerte.

> »Nie zuvor und nie danach hat einer von uns intensiver gespürt, was es heißt, zu einer Mannschaft zu gehören.« Walter
> *nach dem »Wunder von Bern«*

So sprichwörtlich wie sein Talent war Walters Treue. Bis zum Ende seiner Karriere spielte er nur beim 1. FC Kaiserslautern – »dehäm is dehäm«, sagte er immer wieder, obwohl er 1952 ein Traumangebot von Atletico Madrid bekam: 225 000 Mark Handgeld, ein fürstliches Gehalt, eine Villa und eine Luxuskarosse. Doch Walter blieb »seiner Pfalz« treu. Und seiner Frau Italia sowieso. Stets trug er ein Foto bei sich, kaum eine Unterhaltung, in der nicht mehrfach ihr Name fiel. Seine Freunde ahnten, dass Fritz Walter seine Frau nur wenige Monate überleben würde. Ein Denkmal hatten die Lauterer dem ersten Ehrenspielführer des DFB schon zu Lebzeiten gesetzt: Anlässlich seines 65. Geburtstags wurde das Stadion des 1. FCK in »Fritz-Walter-Stadion« umbenannt. ■

Richard von Weizsäcker 1920*

Richard von Weizsäcker – Kein Bundespräsident war so politisch wie er. Oft ein unbequemer Vordenker, küren ihn Umfragen noch Jahre nach seiner Amtszeit zum vertrauenswürdigsten Politiker Deutschlands.

Die Gesichter der beiden Staatsmänner sind ernst, ihre Anspannung ist zu spüren. Bundespräsident Richard von Weizsäcker und der israelische Präsident Chaim Herzog stehen, den Kopf leicht gesenkt, vor einer grauen Mauer im ehemaligen Konzentrationslager Bergen-Belsen. Es ist der erste Deutschlandbesuch eines israelischen Staatsoberhaupts. Wer hätte Chaim Herzog besser empfangen können als dieser Bundespräsident? Denn Richard von Weizsäcker verlieh seinem Amt nicht nur durch sein politisches Wirken, sondern auch durch seinen Lebensweg Glaubwürdigkeit. Der Spross einer bekannten Theologen- und Juristenfamilie, der bereits mit 16 Abitur machte und später Jura und Geschichte studierte, wurde mit 18 Jahren Soldat in Hitlers Wehrmacht. Schon am zweiten Kriegstag fiel sein geliebter Bruder Heinrich, nur wenige hundert Meter von ihm entfernt. Hin- und hergerissen zwischen Gehorsam und Ablehnung der NS-Ideologie nahm von Weizsäcker am Vernichtungsfeldzug gegen die Sowjetunion teil. Mehrfach verwundet und ausgezeichnet, wurde er schließlich Hauptmann der Reserve in einem Regiment, das als Zentrum des Widerstands galt. Kein anderes litt nach dem gescheiterten Attentat am 20. Juli 1944 so sehr unter dem mörderischen Rachefeldzug Hitlers. Richard von Weizsäcker überlebte ihn. Nach dem Krieg folgte die Aufarbeitung der Erfahrungen – in mehrfacher Hinsicht. Der Vater, Ernst von Weizsäcker, hatte als Staatssekretär im Außenministerium gedient. »Von innen« hatte er den Krieg verhindern wollen und war dabei zum Mitwisser des Regimes geworden. Während der Nürnberger Kriegsverbrecherprozesse von 1947 assistierte sein Sohn dem Rechtsanwalt der Verteidigung.

1954 **Promotion zum Dr. jur., Eintritt in die CDU**
1964–1970, 1979–1981 **Präsident des Deutschen Evangelischen Kirchentages**
1981 **Regierender Bürgermeister in Berlin**
1984 **1. Wahl zum Bundespräsidenten**
1985 **Rede zum 40. Jahrestag des Kriegsendes**
1989 **Wiederwahl zum Bundespräsidenten**
1994 **Ende der zweiten Amtsperiode**

Diese Erfahrungen prägten Richard von Weizsäcker. »Nicht Verdrängen und Vergessenwollen gibt die Chance zum Neubeginn, sondern Erinnerung und Besinnung«, verkündete der Politiker am 8. Mai 1985 vor dem Bundestag. Es war der 40. Jahrestag des Kriegsendes, von Weizsäcker war seit einem Jahr Bundespräsident. Seine Rede wurde in zwanzig Sprachen übersetzt. Das Amt war ihm wie auf den Leib geschneidert, die Krönung seiner langen Karriere in der Wirtschaft, als Mitglied des Kirchentagspräsidiums und in der Politik. Er war jahrzehntelang Abgeordneter der CDU, leitete verschiedene Kommissionen, war unter anderem Vizepräsident des Bundestags und Regierender Bürgermeister von Berlin. Als Bundespräsident wollte der »homo politicus« den Menschen Orientierung geben. Er mischte sich ein, suchte die Aussöhnung mit dem Osten. Als 1989 die DDR zusammenbrach, bewahrte Weizsäcker, der im Mai des gleichen Jahres mit einer überragenden Mehrheit im Amt bestätigt worden war, im Angesicht der sich überschlagenden Ereignisse als einer der wenigen die Weitsicht. Er forderte eine behutsame Annäherung, mahnte zur »Empfindungsunion« und irritierte im Einheitstaumel am 3. Oktober 1990 mit der Bemerkung, dass die Einheit gewaltige Finanzmittel verschlingen werde: »Sich zu vereinen heißt teilen lernen.« Das Echo war vielfaches Murren aus allen politischen Richtungen.

»Wer vor der Vergangenheit die Augen verschließt, wird blind für die Gegenwart.«

VON WEIZSÄCKER

Konflikte hat von Weizsäcker nie gescheut. Anfang der Neunziger begnadigte er nach sorgfältiger Prüfung mehrere RAF-Terroristen. Er prangert an, was er die »Machtversessenheit der Politiker« nennt. Dass Helmut Kohl sein Ehrenwort über Recht und Verfassung stellte, um Geldspender an die CDU zu decken, bezeichnete er als »Zumutung«. 2003 griff er SPD-Politiker an, die den Irak-Krieg zu Wahlkampfzwecken missbrauchten, und forderte im Schatten des Terrors vom 11. September gemeinsames Handeln der Staatengemeinschaft. Mit Würde, Augenmaß und Umsicht schaltet er sich immer wieder in die politische und ethische Diskussion ein und beweist dabei, dass Ehrlichkeit und Politik gut zusammenpassen, wenn Politik heißt, verantwortlich zu handeln, Orientierung zu geben und zu integrieren, statt zu spalten. ■

Katarina Witt 1965*

■ **Katarina Witt – Sie galt als »schönstes Gesicht des Sozialismus« und verzauberte Ost und West mit ihren Auftritten. Ausstrahlung, Charme und Eleganz machten »Katarina die Große« zur erfolgreichsten Eiskunstläuferin alle Zeiten.**

Es war ein Duell, das nicht nur Sportgeschichte schrieb. Calgary, Olympia 1988: Vor der Kür im Eiskunstlauf der Damen liegt die Amerikanerin Debi Thomas auf Goldkurs, vor Katarina Witt aus der DDR. Beide haben sich für ihren letzten Auftritt Georges Bizets *Carmen* ausgesucht. Showdown im Eisstadion: hier das dunkelhäutige Glamourgirl aus Kalifornien, dort die »rote Kati« aus dem Osten Deutschlands. Ein Klassenkampf, Kapitalismus gegen Sozialismus. Der Ausgang des Duells ist bekannt: Nervenstark zog Witt ihre Kür durch und gewann mit einer beeindruckenden Leistung erneut olympisches Gold. Ein US-Journalist schmunzelnd: »Wenn dies das wahre Gesicht des Sozialismus ist, dann kann Amerika von mir aus sozialistisch werden.« Für die Läuferin war dieser Titel Höhepunkt einer Karriere, die das Mädchen aus Karl-Marx-Stadt zur erfolgreichsten Eiskunstläuferin aller Zeiten machte. DDR-Meisterschaften im Dauerabonnement, sechs Mal in Folge Europameisterin, vier Mal Gold bei Weltmeisterschaften, zwei Mal bei Olympia, das hatte noch keine vor ihr erreicht.

1971 **Zum ersten Mal auf dem Eis**
1975 **Zusammenarbeit mit Jutta Müller**
1984, 1988 **Olympiasiegerin**
1984, 1985, 1987, 1988 **Weltmeisterin**
1983–1988 **Europameisterin**
1994 **Comeback bei Olympia in Lillehammer**

Sie hatte Weltniveau – etwas, das die DDR zwar stets anstrebte, doch nur selten erreichte. Zwar herrschte an sportlichen Spitzenleistungen kein Mangel, doch ließ sich mit Bobfahren oder Kugelstoßen kaum internationales Renommee erlangen, zumal viele Athleten des Landes auf internationalem Parkett meist hölzern und unsicher wirkten. Ganz anders Katarina Witt, die stets charmant auftrat und zumindest dem männlichen Publikum den Kopf verdrehte. Kein Wunder, dass die Staatspartei SED sie zur Vorzeigesportlerin der DDR machte. Und Kati ließ sich gerne einspannen. »Was ich bin, verdanke ich der DDR«, er-

klärte sie immer wieder. Sie trat in die SED ein und pries das »Glück, in diesem meinem sozialistischen Vaterland zu leben«. Doch die Staatsführung wusste, dass ihr Stern auch jenseits der Mauer strahlte. Millionengagen und andere Verlockungen winkten. Eine Flucht der Athletin wäre eine Katastrophe gewesen – Witts Karriere wurde zur Chefsache. Honecker und Krenz beschäftigten sich persönlich mit ihrem Fall, Stasi-Chef Mielke ordnete eine Rundum-Observierung an: Dutzende Informeller Mitarbeiter überwachten jeden ihrer Schritte, ihre Wohnung wurde verwanzt, das Telefon abgehört. Die Eisprinzessin ließ sich dadurch nicht einschüchtern, im Gegenteil, sie arrangierte sich auch mit Mielkes »Firma«. Bald setzte die Stasi Himmel und Hölle in Bewegung, um die »Kufenkönigin« bei Laune zu halten. Westautos, Häuser, eine große Wohnung in Berlin – nichts war zu gut und zu teuer. Am Ende durfte sie sogar als erste DDR-Sportlerin überhaupt für harte Devisen in westlichen Eislaufrevuen auftreten.

Mit Leistungssport hatte das nun nicht mehr allzu viel zu tun, die Show zählte. Und das kam der Eiskönigin durchaus entgegen. Schon früher hatte sie in rein sportlicher Hinsicht nur selten Glanzpunkte setzen können. Mit Salchow und Toe-loop gewann sie alle ihre Titel – nur einmal zauberte sie bei einer WM einen dreifachen Rittberger aufs Eis. Es war die ausgeklügelte Choreografie, die den Grundstein für ihre Erfolge legte. »Alles über die B-Note. Die Kunst muss siegen«, war ihre Maxime. Kostüme und Frisuren wurden optimal auf die Inszenierung abgestimmt. Ob als Mozart mit Perücke und Kniebundhose oder als Carmen mit tief ausgeschnittenem Dekolleté, stets setzte sie ihr Äußeres Gewinn bringend ein. Als bezaubernde Frau mit einem der schönsten Gesichter der Welt blieb sie auch nach der Wende präsent. Sie startete erfolgreich als Profiläuferin, glänzte als Kommentatorin für amerikanische und deutsche TV-Sender, eine Kosmetikserie und Schmuckkollektionen tragen ihren Namen. Vom Klassenkampf ist dabei schon lange keine Rede mehr: Heute lächelt sie nur noch in eigenem Auftrag. ■

»Ich will die Leute mit meiner Kunst anrühren. Ich will sie zum Lachen bringen, und ich will sie zum Weinen bringen. Ich möchte, dass man im Stadion eine Nadel fallen hören könnte, wenn ich es will.« Witt

KONRAD ZUSE 1910* 1995†

Hildegard von Bingen
Die bedeutende Äbtissin des 12. Jahrhunderts in einer Ölgemälde-Darstellung, Künstler unbekannt.

Hoffmann von Fallersleben, August Heinrich
Der Germanist und Dichter in seinem Arbeitszimmer auf Schloss Corvey in Westfalen, undatierte Aufnahme.

Humboldt, Alexander von
Der Naturforscher und Geograf porträtiert von Georg Friedrich Weitsch, 1806. Das Ölgemälde hängt in der Alten Nationalgalerie in Berlin.

Jauch, Günther
Aufnahme des Fernsehmoderators im Januar 1997 in Mainz.

Jürgens, Curd
Der Bühnen- und Filmschauspieler, aufgenommen im Dezember 1981.

Kant, Immanuel
Der Philosoph der europäischen Aufklärung in einem Stich von Johann Leonhard Raab nach einem Gemälde von Gottlieb Döbler aus dem Jahr 1781.

Kneipp, Sebastian
Der katholische Theologe und Begründer des Naturheilverfahrens in einer Porträtaufnahme um 1895.

Koch, Robert
Undatierte Aufnahme des Bakteriologen und Nobelpreisträgers für Medizin (1905).

Kohl, Helmut
Der Bundeskanzler (1982–1998) bei seiner Rede während der Generalaussprache des Bonner Bundestags am 6. September 1995.

Kolping, Adolph
Der Priester und Sozialreformer in einer undatierten Aufnahme.

Kraus, Peter
Der deutsche Rock-'n'-Roll-Sänger und Schauspieler, aufgenommen in den fünfziger Jahren des 20. Jahrhunderts.

Lagerfeld, Karl
Der Modezar in der Fernsehsendung »Wetten, dass ..?« am 9. November 2002 in Düsseldorf.

Last, James
Der Bandleader, Komponist und Produzent ein halbes Jahr vor seinem siebzigsten Geburtstag, aufgenommen am 20. Oktober 1998 in Mainz.

Lilienthal, Otto
Diese zeitgenössische Aufnahme hängt im Otto-Lilienthal-Museum in Ankam/Vorpommern, der Geburtsstadt des Flugpioniers.

Luther, Martin
Der Reformator in einer Ölgemälde-Darstellung auf Holz von Lukas Cranach d. Ä., 1528. Das Bild hängt in der Lutherhalle in Wittenberg.

Luxemburg, Rosa
Undatiertes Porträtfoto der Sozialistin und Mitbegründerin der Unabhängigen Sozialdemokratischen Partei Deutschlands (UDPS), die später zur Kommunistischen Partei Deutschlands wurde.

Mann, Thomas
Porträtaufnahme des Schriftstellers und Nobelpreisträgers (1929) um 1948.

Marx, Karl
Der Begründer des Marxismus, aufgenommen um 1880.

May, Karl
Der Schriftsteller von Reiseromanen und Abenteuergeschichten, fotografiert um 1910.

Mey, Reinhard
Der Liedermacher in der ZDF-Livesendung »Traumstart« am 21. Mai 2000 in Oldenburg.

Mozart, Wolfgang Amadeus
Der Komponist, gemalt 1819 in Öl von Barbara Krafft. Das Gemälde hängt im Haus der Gesellschaft der Musikfreunde in Wien.

Nena
Die Popsängerin bei der Aufzeichnung der RTL-Serie »Die 80er Show« in Köln am 28. März 2002.

Nicole
Die 17-jährige Schlagersängerin beim Grand Prix d'Eurovision de la Chanson im englischen Harrogate am 24. April 1982.

Nietzsche, Friedrich
Der Philosoph auf der Reproduktion eines undatierten Plakats in der Gedenkstätte in Röcken/Sachsen-Anhalt.

Nowitzki, Dirk
Der NBA-Basketballstar beim Training der deutschen Nationalmannschaft zur EM-Vorbereitung am 14. August 2003 in der Arena Nürnberg.

■ **Otto I.**
Der Kaiser in einem Holzstich um 1860.

■ **Rahn, Helmut**
Der Fußball-Nationalspieler schießt am 19. Juni 1958 im Weltmeisterschafts-Viertelfinalspiel gegen Jugoslawien in Malmö das Tor zum 1 : 0-Sieg.

■ **Röntgen, Wilhelm Conrad**
Der Physiker und Nobelpreisträger (1901), fotografiert um 1900.

■ **Rühmann, Heinz**
Der Schauspieler in einer Aufnahme um 1935, die später koloriert wurde.

■ **Schiffer, Claudia**
Das Topmodel bei der Verleihung der europäischen MTV-Musikpreise in der Frankfurter Festhalle am 8. November 2001.

■ **Schiller, Friedrich von**
Der Schriftsteller in einer Ölgemälde-Darstellung von Gerhard von Kügelgen um 1808/1809 (nach Schiller-Bildnissen um 1795/1800), die im Freien Deutschen Hochstift in Frankfurt am Main hängt.

■ **Schindler, Oskar**
Ein Foto des Unternehmers aus dem Jahr 1968.

■ **Schmeling, Max**
Der Boxer trainiert am Punching Ball für den Kampf gegen den Amerikaner Young Stribbling am 6. Juli 1931 in Cleveland.

■ **Schmidt, Harald**
Der Entertainer am 8. Januar 2002 in seiner »Harald-Schmidt-Show« in Köln.

■ **Schmidt, Helmut**
Der Bundeskanzler (1974–1982) mit Helogländer Lotsenmütze im Jahr 1982.

■ **Schneider, Romy**
Porträtaufnahme der Schauspielerin aus dem Jahr 1980.

■ **Scholl, Hans und Sophie**
Passfotos der Studenten und Widerstandskämpfer aus dem Jahr 1942, hier in einer Kollage.

■ **Schröder, Gerhard**
Offizielles Porträt des Bundeskanzlers (seit 1998) und SPD-Vorsitzenden (seit (1999).

■ **Schumacher, Michael**
Der Formel-1-Weltmeister bei der Siegerehrung am 14. Februar 2001 im japanischen Suzuka.

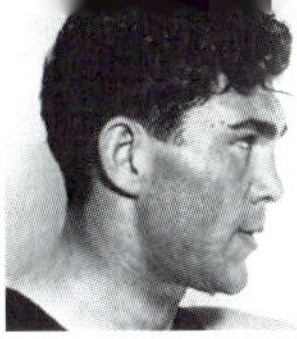    

Schwarzer, Alice
Die Publizistin und Herausgeberin des Frauenmagazins *Emma* am 7. Mai 2001 in Berlin.

Schweitzer, Albert
Der Arzt und Philosoph unterwegs nach Lambarene in Gabun, wo er bereits 1913 ein Tropenkrankenhaus gegründet hatte, undatierte Aufnahme.

Seeler, Uwe
Der Fußball-Nationalspieler am 12. Juli 1966 beim Weltmeisterschaftsspiel gegen die Schweiz im Hillsborough-Stadion von Sheffield. Die deutsche Mannschaft gewann das Spiel mit 5 : 0.

Stauffenberg, Claus Graf Schenk von
Der Generalstabsoffizier und Widerstandskämpfer in einer Aufnahme um 1940.

Strauss, Franz Josef
Der bayerische Ministerpräsident (1978–1988) und CSU-Vorsitzende (1961–1988), aufgenommen im Oktober 1977.

Stresemann, Gustav
Der Politiker und Industrielle in einer zeitgenössischen Aufnahme vor dem Berliner Reichstag.

Uhse, Beate
Die Unternehmerin, aufgenommen am 22. März 2000 in Hamburg.

Ullrich, Jan
Der Radprofi bei der vorletzten Etappe der Tour de France von Pornic nach Nantes am 26. Juli 2003.

Wagner, Richard
Der Komponist, fotografiert von Franz Hanfstaengl 1871 in München.

Walter, Fritz
Undatiertes Foto des Fußball-Nationalspielers.

Weizsäcker, Richard von
Der Bundespräsident (1984–1994) am 23. Juni 1999 während eines Interviews mit dem *Berliner Kurier*.

Witt, Katarina
Die Eiskunstläuferin beim Auftakt der Tournee *Summer Night on Ice* am 16. August 2001 im sächsischen Riesa.

Zuse, Konrad
Der Erfinder des Computers in einer Porträtaufnahme vom 11. Juli 1995.

Autoren »Unsere Besten«

Peter Arens
Becker, Boris
Bohlen, Dieter
Gottschalk, Thomas
Graf, Steffi
Jauch, Günther
Schmidt, Harald

Alexander Berkel
Elser, Georg
Erhard, Ludwig
Schmidt, Helmut
Scholl, Hans und Sophie
Stauffenberg, Claus Graf Schenk von

Stefan Bier
Bach, Johann Sebastian
Beethoven, Ludwig van
Erhardt, Heinz
Nicole

Stefan Brauburger
Adenauer, Konrad
Braun, Wernher von
Kohl, Helmut

Holger Diedrich
Augstein, Rudolf
Brandt, Willy
Dietrich, Marlene
Dönhoff, Marion Gräfin
Dürer, Albrecht
Dutschke, Rudi
Einstein, Albert
Elisabeth von Österreich
Fischer, Joschka
Jürgens, Curd
Kneipp, Sebastian
Koch, Robert
Lagerfeld, Karl
Mozart, Wolfgang Amadeus
Rühmann, Heinz
Schiffer, Claudia
Schindler, Oskar
Schweitzer, Albert
Stresemann, Gustav
Uhse, Beate
Wagner, Richard
Weizsäcker, Richard von

Friederike Dreykluft
Friedrich I. Barbarossa
Friedrich II.
Last, James
Otto I.
Schröder, Gerhard

Manfred Etten
Kraus, Peter
Schiller, Friedrich von

Rudolf Gültner
Duden, Konrad

Hildebrandt, Regine
Hoffmann von Fallersleben, August Heinrich
Lilienthal, Otto
Mey, Reinhard
Strauß, Franz Josef

Thomas Hagedorn

Goethe, Johann Wolfgang von
Hesse, Hermann
Marx, Karl
May, Karl
Nietzsche, Friedrich

Klaus Heckenhahn

Gutenberg, Johannes

Alexander Hesse

Black, Roy
Campino
Grönemeyer, Herbert
Nena
Nowitzki, Dirk
Schumacher, Michael
Ullrich, Jan

Daniel Manthey

Böhm, Karlheinz
Bülow, Vicco von
Kant, Immanuel
Mann, Thomas
Zuse, Konrad

Claudia Moroni

Humboldt, Alexander von

Karl-Walter Reinhardt

Beckenbauer, Franz
Frentzen, Heinz-Harald
Herberger, Sepp
Rahn, Helmut
Seeler, Uwe
Walter, Fritz

Friedrich Scherer

Benz, Carl
Bismarck, Otto von
Bodelschwingh, Friedrich von
Bonhoeffer, Dietrich
Bosch, Robert
Friedrich II. von Preußen
Genscher, Hans-Dietrich
Luther, Martin
Luxemburg, Rosa

Mario Sporn

Gauß, Carl Friedrich
Hannawald, Sven
Schmeling, Max
Witt, Katarina

Annette Tewes

Heine, Heinrich
Heino
Hildegard von Bingen
Kolping, Adolph
Röntgen, Wilhelm Conrad

Isabelle Tümena

Beuys, Joseph
Hahnemann, Samuel
Schneider, Romy
Schwarzer, Alice

Bildnachweis

Beuys, Joseph:
© ullstein bild – Hellgoth
Bismarck, Otto von:
© akg-images / Loescher und Petsch, Berlin
Bonhoeffer, Dietrich:
© DIZ Scherl / SVBilderdienst
Schindler, Oskar:
© ullstein bild – AP
Schmidt, Helmut:
© ullstein bild – Sven Simon
Schröder, Gerhard:
© Konrad R. Müller

Das Copyright aller anderen Abbildungen liegt bei: picture alliance/dpa.

Wir danken allen Rechteinhabern für die freundliche Erlaubnis zum Nachdruck der Abbildungen.

Econ Verlag
Econ ist ein Verlag des Verlagshauses Ullstein Heyne List GmbH & Co. KG, München

1. Auflage 2003
ISBN 3-430-15521-5

Printed in Germany

Redaktion:
Alexander Berkel
Buchgestaltung, Layout und Satz:
Büro Jorge Schmidt, München
Repro:
Franzis print & media GmbH, München
Druck und Bindearbeiten:
Mohn-Media, Gütersloh